朱首彦讲《史记》

大事件卷

朱首彦 / 著

时代出版传媒股份有限公司
安徽少年儿童出版社

图书在版编目（CIP）数据

朱首彦讲《史记》. 大事件卷 / 朱首彦著. —合肥：安徽少年儿童出版社，2021.10（2024.1重印）
ISBN 978-7-5707-1185-7

Ⅰ.①朱… Ⅱ.①朱… Ⅲ.①《史记》–青少年读物 Ⅳ.①K204.2-49

中国版本图书馆CIP数据核字（2021）第176053号

朱首彦讲《史记》·大事件卷

朱首彦 / 著

出 版 人：李玲玲	策划统筹：张春艳 何正国	责任编辑：张春艳 郝雅琴
责任校对：于 睿	责任印制：郭 玲	装帧设计：乐读文化
插图绘制：钟 健		

出版发行：安徽少年儿童出版社　E-mail:ahse1984@163.com

　　　　　新浪官方微博：http://weibo.com/ahsecbs

　　　　　（安徽省合肥市翡翠路1118号出版传媒广场　　邮政编码：230071）

　　　　　出版部电话：（0551）63533536（办公室）　63533533（传真）

　　　　　（如发现印装质量问题，影响阅读，请与本社出版部联系调换）

印　　制：阳谷毕升印务有限公司

开　　本：710 mm×1000 mm　　1/16　　印张：11.25　　字数：150千字

版　　次：2021年10月第1版　　　　　　　2024年1月第3次印刷

ISBN 978-7-5707-1185-7　　　　　　　　　　　　　　　定价：48.80元

版权所有，侵权必究

序 言

　　学文之人不能不看《诗经》《楚辞》,学史之人则必读《史记》《春秋》。《史记》自问世2100多年来,不知有多少学子为其倾倒。根据不完全统计,研究《史记》的论著在4000篇(部)以上,面对如此丰硕的研究成果,开拓新的领域已然成为时代赋予我们的责任。安徽少年儿童出版社推出的"朱首彦讲《史记》"系列以新的视角,为中小学生奉上一份优质的课外读物,同步素质教育,彰显文化自信,可圈可点,值得一读。在新书出版之际,请我作序,深感荣幸,拜读再三,序略如下:

　　本套书共4册,分别为《朱首彦讲〈史记〉·大事件卷》《朱首彦讲〈史记〉·大人物卷》《朱首彦讲〈史记〉·大战场卷》和《朱首彦讲〈史记〉·大智慧卷》,共60余万字。

　　《史记》成书于西汉武帝时期,作者是今陕西韩城人司马迁。《史记》是中国历史上第一部纪传体通史,从黄帝开始到汉武帝结束。《史记》分为本纪、世家、列传、表和书五体,共130篇,52.65万字。与左丘明等史家不同的是,司马迁一改《春秋》记史的行文传统,以生动、洗练的文字,极大地丰富了《史记》的文学成分,使其成为跨越时空的巨著。司马迁体大义精的创作构建,把对历史的撰述从一个狭小的范围引向广阔的社会空间,该系列图书正是把握此核心点并予以发扬延伸,每册书突出一个主题,依据《史记》记载的时代先后排序,以相对独立又相互联系的历史故事构成,围绕错综复杂的人物关系和发生过的真实事件,采用浅显易懂的文字表述,结合时代新元素和手绘图画,以符合今天少年儿童的阅读习惯。

《朱首彦讲〈史记〉·大事件卷》,内容从西周末年开始,列举幽王亡西周、齐桓公尊王攘夷、楚武王城下之盟、骊姬乱晋、吴越争霸、三家分晋、秦晋之好、合纵连横、荆轲刺秦王、沙丘之变等18个重大的历史事件,讲述了六百余年里跌宕起伏的历史进程,为少儿读者展示了风云际会、波澜壮阔的一段重要历史。

说到中国历史大事件,"鸿门宴"是绕不过的。"鸿门宴"的主人公是项羽和刘邦,陪客是范增、项伯、项庄、张良、樊哙。"鸿门宴"级别不算太高,规模也不是很大,却关系着新生政权的诞生与大一统帝制的延续和发展。项羽主张恢复六国状态,刘邦没有政治资本,只能继续中央集权制,鹿死谁手尚不明确。项羽的妇人之仁和刘邦的老道练达形成鲜明的对比。"鸿门宴"后陈平、韩信弃项归刘,成为建立西汉王朝的核心人物。作者从"鸿门宴"一直讲到刘邦诛杀功臣,一气呵成,颇有心得。

《朱首彦讲〈史记〉·大人物卷》,作者选材很有特色,例如:与母亲"黄泉"相见的郑庄公、食古不化的宋襄公、讳疾忌医的齐桓公、三让高位的赵衰和颇有争议的儿子赵盾、自食其果的战神白起、睚眦必报的范雎、窃符救赵的信陵君、一字千金的吕不韦、死到临头才顿悟的李斯、首鼠两端的韩王信、壮士田横、侠士郭解、霸王项羽、重厚少文的周勃和他的儿子周亚夫、淮南王刘安、不可一世的窦太后以及酷吏张汤等。由于上述人物所处的政治环境、社会地位和生活圈大不相同,故为人处世迥然有别,可谓个个性格鲜明,此书的描述让他们活灵活现,跃然纸上。讳疾忌医至今仍有不可替代的警示意义。而西楚霸王项羽的故事历来是见仁见智,褒贬不一。

《朱首彦讲〈史记〉·大战场卷》主要向中小学生介绍《史记》中记载的重要战争,从灭纣兴周的牧野之战开始,讲述姜太公钓周文王、晋楚争霸与城濮之战、围魏救赵与马陵之战、乐毅伐齐与火牛阵、长平之战……到汉武帝征伐匈奴为止。《史记》一书描写战争的内容超过80篇,仅记载的春秋时期的战争就达400余次,所以孟子称"春秋无义战"。

战争与和平贯穿于迄今为止的人类历史,且延绵不绝。中国古代战争频发,大大小小的战争不计其数。《孙子兵法·始计篇》第一句就开宗明义,强调"兵者,国之大事,死生之地,存亡之道,不可不察也"。我们反对不义之战,但是,由战争催生的军事科学,以及卓有建树的军事理论家,并不影响我们对其进行研究。

在《朱首彦讲〈史记〉·大智慧卷》中,作者列举了管鲍之交、重耳出走、五羖大夫、陶朱公范蠡、鸡鸣狗盗、将相和、毛遂自荐、萧何月下追韩信、叔孙通制礼、张骞通西域等人们熟知的历史典故。

智慧是人类特有的禀赋,然而,智慧大小与地位高低、富贵贫贱无甚联系,冯谖火烧债契是智慧,鸡鸣狗盗何尝不是?范蠡畏惧兔死狗烹、避祸营商是智慧,张骞勇开丝路先河难道不是智慧?还有不显山不露水的小人物牛贩子弦高,在国君郑文公姬踕

去世,秦军千里偷袭郑国的关键时刻,用打算贩卖到东周的12头牛作为牺牲品,冒充郑国的使臣并以劳军的方式面见秦军首领孟明视等三位将军,言语之间巧妙地告诉秦军郑国已经做好了战争防御,迫使秦军不得不放弃袭击郑国的军事行动,将一场危机化险为夷,解救了命悬一线的郑国,毫无疑问也是千古绝唱的大智慧。

人是历史的主体,推动着社会向前发展。历史是对过去的记录,重温历史故事,唤起后人的记忆,目的是教育世人、启迪后人。《史记》之所以引人入胜,就在于细节之中显现道理、精彩之间散发哲理。历史上具有大智慧的人不在少数,而蔺相如堪称佼佼者。蔺相如的大智慧一方面体现在渑池会上一腔热血、不畏强秦,"完璧归赵";另一方面体现在为了维护国家利益,他可以荣辱不惊地礼让老将廉颇。一出"将相和"则成为弘扬中华美德的典范。

历史也有故事。对于大多数少年儿童而言,通过故事了解历史更容易接受。讲《史记》首先要还原《史记》本体所载述的历史场景,其次才是阐发真实故事和哲学寓意,而不是随意去编造与戏说。值得一提的是,书中有关"田忌赛马"的内容颇具新意。该部分内容以"规则破坏者"为标题,赛马的规则是同等量级进行比赛,以区分高下,直到今天依然是全世界都在遵循的法则。但是,孙膑用不对等的手段赢得了胜利,他成为不少人争相效仿的智慧代表,包括司马迁在内。现在看来,在法制健全的社会,遵守游戏规则是平等竞争的前提,如果都不遵守规则而选择投机取巧、唯利是图,后果将不堪设想。因为《史记》毕竟是两千多年前的史籍,若将当时的环境放到现在,难免不合适。对此,针对中小学生这一特殊的读者群体,更应该通过正确引导,让他们遵守规则。

我一直认为,一个物化了的东西优劣得当与否,关键在于这东西能否打动人,能否深入人的心灵。安徽少年儿童出版社出版的"朱首彦讲《史记》"系列,作为新时代中小学生读物,旨在培养小读者对中国传统文化的兴趣,其赋能所在,值得阅读。

以上数语,勉为书序。

徐日辉

2021年1月20日 于浙江工商大学

(本文作者系浙江工商大学人文学院教授、硕士生导师,中国《史记》研究会副会长,中央电视台《百家讲坛》主讲人)

欢迎来到你的随身文史博物馆

微信扫描并关注下方二维码,走进你的随身文史博物馆

在这里,你可以学习趣味国学文化知识,参加历史知识竞赛,票选历史风云人物,畅谈读书心得。

国学大讲堂
讲解形象生动,内容活泼有趣,着力拓展读者的文史视野。

史实竞赛王
掌握历史知识,冲刺知识竞赛,加深读者的理解与记忆。

人物风云榜
横览人物生平,纵观千年历史,等你票选真正的人气王!

历史面面谈
记录读书心得,交流感想体会,在互鉴中不断提升自己。

延伸阅读单
增加历史积累,提升文化自信,在阅读中增加读者阅历。

目录

 1 烽火戏诸侯："狼来了"的背后

 10 争霸也有"暖场演出"

 19 美食引发的祸事

 27 "秦晋之好"真的好吗

 35 赵氏孤儿：故事里的事

 44 复仇者为什么要联盟

 54 瓜分超级大国需要几步

 64 极简版秦帝国前传

 72 合纵连横：两千多年前的外交奇谋

 81 荆轲刺秦王：不可能完成的任务

 91
嬴政的恐惧

 100
焚书的凶手
和坑儒的真相

 109
要命的沙丘

 118
鸿门宴

 127
刘邦的兄弟

 135
刘邦的心病

 144
刘邦的"防火墙"

 153
削藩是个大工程

162　主要历史人物档案

167　后　记

烽火戏诸侯："狼来了"的背后

尽管烽火戏诸侯的典故流传至今，可是当我们穿越回西周末年才发现，这不是历史，只是一个"狼来了"的寓言故事。

离奇的传说

公元前782年，西周第十二位君主姬宫湦（shēng）即位，史称周幽王。他的爷爷周厉王在位时暴虐无道，压榨百姓，最终导致都城发生大规模的国人暴动，周厉王逃跑，不得不由周公、召公共同理政（史称"周召共和"）。此后，周宣王继位，修明政事，国家有了些许中兴气象，但是想重现西周初年"成康之治"的繁荣景象只能是奢望了。

周幽王即位两年后，镐京（今陕西西安）发生强烈地震，渭水、泾水、洛水一度断流，造成大量人员伤亡和巨大的财产损失。有大臣惊呼："周朝快要灭亡了！"

本文内容参考《史记·周本纪》《清华大学藏战国竹简》。

周幽王的王后是申侯之女,太子就是申后的儿子宜臼。幽王在位第三年时,得到了冷面美女褒姒(sì),对其非常宠爱。后来,褒姒生下一子,取名伯服,周幽王更加宠爱褒姒,甚至想废掉申后和太子宜臼,改立褒姒为后,立她的儿子伯服为太子。废后、改立太子,这在古代是动摇国本的大事,大臣们纷纷反对。太史伯阳在翻阅典籍时,发现了下面这个故事。

夏朝末年,两条神龙落在夏帝的庭前,说:"我们是褒国的两位先君。"夏帝一时不知道该怎么办,便决定问卜吉凶。可是几次占卜下来,卦象都不吉利,唯一的吉卦是说,要将龙的唾液收藏起来。于是夏帝派人摆设祭物,向二龙祷告。不一会儿,龙飞走了,留下了唾液。夏帝便命人用木匣将唾液收藏好。

夏朝之后是商朝,商朝之后是周朝,这个神秘的木匣一直保存在宫中。可是到了周厉王后期,好奇的周厉王命人打开匣子,结果龙的唾液流到了大殿的地上,怎么也清洗不净,反而变成一只黑色的蜥蜴,爬进了周厉王的后宫,之后就消失了。当时一个六七岁、才刚刚换牙的小宫女还碰到了这只蜥蜴。

人们渐渐淡忘了这件怪事,小宫女也长到了十五岁。在古代这个年纪的女子就算成年了。她还没有丈夫,偏偏莫名其妙就怀孕了,还生下一个女婴。宫女非常害怕,就将女婴扔掉了。这时已是周宣王当政,听到市面上都在传唱一首童谣:"桑木做成的弓,箕木做成的箭袋,都是灭亡周朝的祸害。"恰巧这时有一对夫妻正在售卖桑木弓和箕木箭袋,周宣王便命人抓捕他们。这对夫妻在逃亡的路上发现了先前被宫女扔掉的女婴,见她夜半啼哭,非常可怜，便带着女婴一起逃到褒国。

后来褒国得罪了周朝，便将长大成人的女婴献给厉王，以求赎罪。这个女孩是褒国所献，所以人们称她作褒姒。这个姒属于生僻字，既是姓氏，也是女名用字，在古文中是对姐姐的称呼。

周厉王死后是周宣王，周宣王之后才是周幽王。现在褒姒被周厉王的孙子周幽王立为王后，生的儿子伯服被立为太子，太史伯阳一声长叹："祸乱已经形成，无法补救了！"

"美人，给大王笑一个！"

这段记载在我们现代人看来，情节很离奇，故事很荒诞。可是古人却深信不疑，认定这是上天的示警。

褒姒虽然风姿绰约，却是个冷若冰霜的美女，从来不露笑脸。这让周幽王犯了愁。为了让褒姒露出笑容，周幽王想尽了办法，可褒姒就是不笑。无奈之下，周幽王决定为她组织一场万人行动，以期看到她的笑容。

周幽王带褒姒来到骊山（今陕西临潼）烽火台，命人点燃烽火，顿时狼烟四起，同时让人敲响示警的大鼓。要知道，这可不是小事情，而是发出了国家最高预警信号：镐京受到外族入侵，天子有难！看到骊山烽火台上的滚滚狼烟，诸侯们纷纷调动军队，第一时间赶往骊山救驾。

一支一支的人马从四面八方陆续赶到,烽火台上的周幽王和褒姒喝着酒,听着歌,淡定地瞅着这场实兵演练。眼见盔歪甲斜、气喘吁吁的军士们茫然地四下张望,寻找敌情,褒姒觉得这帮人实在很傻很天真,扑哧一声笑了出来。"你原来会笑啊!"周幽王如释重负,觉得兴师动众折腾这么一场"全国性战略总动员"也值了,好歹看到了美人那动人的笑容。于是,他冲台下摆了摆手,说:"诸位辛苦了。没有敌情,只是予(周天子的自称)一人与王后放火取乐。大家没事的话,早点儿回去吧。"数万救援天子的

文化小常识

烽火台

烽火,也叫烽燧,是古时边防报警点燃的烟火。敌人夜间来犯就点火,称为烽,白天来犯时就燃烟,称为燧,以可见的光亮和烟气向各方与上级报警。

烽火台之间的距离一般约为十里,通常选择在易于相互瞭望的高岗、丘阜之上建立。守台士兵发现敌人来犯时,立即于台上燃起烽火,邻台见到后依样随之,这样敌情便可迅速传递到军事中枢部门。

西周为了防备犬戎的侵扰,在镐京附近的骊山一带修筑了二十多座烽火台,每隔几里就有一座。一旦犬戎进袭,首先发现的哨兵便立刻在台上点燃烽火,邻近烽火台也相继点火,向附近的诸侯报警。诸侯见到烽火,就知道都城告急,天子有难,必须起兵勤王,赶来救驾。

勤王大军火急火燎地赶来,被这样一句简单的"放火取乐"弄得没了脾气。堂堂周天子,竟然视军国大事为儿戏,实在不靠谱。各国诸侯和将军摇了摇头,默不作声地领着军队撤走了。

褒姒笑完这一回后,又不笑了。周幽王没办法,只好再度点烽火、敲战鼓。为了美人莞尔一笑,诸侯们率大军跑断双腿。如此三次以后,再没有人相信烽火是"警报"了。偏偏这时,申国(今陕西西安以西)、鄫(zēng)国(今河南方城)联合西北凶悍的游牧民族犬戎一起进攻镐京。周幽王赶紧命人点燃烽火示警。对不起,听惯了"狼来了"的诸侯谁也不会再领兵前来了。就这样,镐京沦陷,周幽王死在骊山,美人褒姒被掳走,西周画上了句号。这一年是公元前771年。

亡国了，谁来背黑锅

虽然"烽火戏诸侯"的故事很精彩，流传很广，可是正因为太像故事，所以根本经不起推敲。

中国古代在分析有权势的男人的罪过时，总喜欢替贪恋美色的君主推卸责任，把问题的源头归为红颜祸水，让女子来背黑锅。这次西周亡国的"责任人"就被认定为褒姒了。

我们来仔细分析一下这一事件。褒姒肯定不是传说中的什么龙的唾液、蜥蜴变的，就是褒国一个不太爱笑的美女。退一万步说，就算周厉王时的这起灵异事件属实，那么，周厉王之子周宣王在位四十六年，再到周幽王登基遇到褒姒，这美女已经年过四十了，还能迷倒周幽王吗？这显然是无稽之谈。

再者，周幽王为了讨褒姒开心，有可能会想到点燃烽火，但诸侯们能否看到烽火并及时赶到骊山呢？这基本是天方夜谭。周朝地域广大，多数诸侯国远离镐京。即便他们的瞭望设施比较先进，能够看到骊山的烽火，但等他们调集人马赶往骊山，不可能实现各国同时集结的情形。当年军队行军可是全靠两条腿，没有飞机、高铁和高速公路。近的褒国、焦国也许可以在两三天内赶到，远的像鲁国、齐国两三个月能够赶到就不错了。难道周幽王和褒姒等在骊山的烽火台上，来一波诸侯笑一回，连着笑上几个月吗？所以，烽火戏诸侯基本就是个故事。

那么问题来了，西周灭国，周幽王之死究竟是怎么回事？

西周灭亡的真相

《史记·周本纪》当中就有一处漏洞。

周幽王立褒姒为王后,立伯服为太子之后,被废的申后与宜臼逃到了申国,向申侯哭诉。申侯于是联合鄫国和北方的犬戎,突然进攻镐京,诸侯来不及发兵勤王,镐京就失陷了,王室的财宝

文化小常识

西周与东周

中国历史上有不少王朝因为大事件被一分为二,如西周和东周、西汉和东汉、西晋和东晋,还有北宋和南宋。这是后世历史研究者为了便于研究做的划分。具体就是根据都城的不同进行区别。比如:西周的都城镐京位置偏西,东周的都城洛邑位置偏东,所以称为西周、东周;两汉的都城与周朝相同,所以也被称为西汉、东汉;晋朝之前的都城是洛阳,之后南迁至建康(今江苏南京),也是从地理位置上加以区分,称为西晋和东晋;而两宋的都城先是汴梁(今河南开封),后来是临安(今浙江杭州),地理位置上一个在北,一个在南,故称北宋、南宋。

两汉在称谓上还有一个特例。因为班固曾著《汉书》,范晔曾著《后汉书》,所以西汉又称前汉,东汉又称后汉。这种前、后的称法仅适用于两汉,周朝、晋朝和宋朝都没有。

被洗劫一空。周幽王被杀——死在骊山。这该如何解释？

2012年，清华大学在整理一批获赠的战国竹简(清华简)时，发现了一段尘封的历史：申后与宜臼逃至申国之后，周幽王主动发兵进攻申国。申国于是联络犬戎反击，一举击败周军，在骊山杀死周幽王和太子伯服，之后乘胜攻入镐京。

所以，西周的灭亡不是因为"烽火戏诸侯"，而是因为王室内斗。

犬戎带着周王室的珍宝离开之后，诸侯才赶到镐京。国不可一日无君，申侯与鲁侯、许文公等人共同尊申侯的外孙、被周幽王废掉的太子宜臼为王，就是周平王。经此浩劫，镐京衰败不堪，为了躲避犬戎再次侵扰，周平王决定将都城东迁至洛邑(今河南洛阳)。这一年是公元前770年。历史上将周平王开启的这个王朝称为东周。

脑洞大开

西周灭亡的主要责任人是周幽王，跟褒姒并无太大关系。周幽王擅自废立王后和太子，引发王室内部矛盾。在争斗中，外戚申侯勾结犬戎杀死周幽王，攻陷镐京。犬戎替自己出了气，申侯顺势将自己的外孙宜臼推上王位。

都说周平王开启的东周时代是一个王室衰微、诸侯做大称霸的时代。究其根源，周幽王的废长立幼破坏了原有的嫡长子继承制，激起申侯不满。之后周幽王与申侯的战争开了诸侯叫板天子的先河。由于周幽王死于骊山，周平王无法洗清弑父夺权的嫌疑,所以不少诸侯对于周平王继位的合法性持怀疑态度,甚至在周平王继位之初,周幽王的弟弟、周平王的叔叔臣余被虢(guó)公等诸侯拥立为携王,二王并立的局面长达十年之久。这段历史常常被忽略。

　　故事都是由历史演绎而成的。故事的亮点在于情节,而历史的看点却在纷繁复杂的事件背后。套用法国思想家伏尔泰的那句名言"雪崩的时候,没有一片雪花是无辜的",我们说,关于西周的灭亡,周幽王、申侯、周平王,还有那些诸侯,每一个人都脱不了干系。

争霸是春秋时期诸侯政治的主题词,春秋五霸是当时响当当的"巨星"。其实在齐桓公首霸之前,已经有三位诸侯跃跃欲试,开始了他们叫板天子、号令诸侯的争霸事业,人们习惯地将他们称作"春秋三小霸"。

郑庄公:箭射天子

郑庄公姬寤生是郑国的第三任国君,十四岁即位。在以后二十多年的时间里,他默默忍受母亲武姜的冷眼,纵容弟弟叔段的野心,最终使膨胀的叔段和母亲合谋举兵反叛,守株待兔的他则一战解决心头大患。

郑国与其他西周初年分封的诸侯国不同,一直到西周中后期才立国。开国君主郑桓公是周王室成员,同时还在周朝担任卿士的要职。所以,有心机、有勇力的郑庄公利用诸侯加周朝权臣的

本文内容参考《史记·郑世家》《史记·齐太公世家》《史记·楚世家》。

双重身份,扩充领土(吞并许国)、打压小国(近攻宋、卫、陈、蔡等国)、拉拢大国(远交齐国)。

周平王不喜欢郑庄公的张扬做派,有意提拔另一个诸侯国国君虢公忌父,来稀释郑庄公在朝中的权力。为此,郑庄公入朝质问周平王,周平王矢口否认。为了安抚郑庄公,周平王决定与他互换太子作为人质。这便是著名的"周郑交质"。作为堂堂天下共主,周平王竟然自降身份,与郑国国君互换太子以示诚意,周王室的衰微可见一斑。

公元前720年,周平王去世,因为太子早死,于是由周平王之孙继位,史称周桓王。郑庄公派兵收割周王室在温地和成周的庄稼。几年后,郑庄公来洛邑朝见,正在气头上的周桓王没有按

正规的礼仪接待郑庄公。周、郑之间的矛盾日益尖锐。

公元前715年,郑国拿泰山附近的祊(bēng)田跟鲁国交换了许田。要知道,祊田是周天子祭祀泰山时用来汤沐的专用田。郑庄公这是又在跟周桓王叫板。周桓王随即任命虢公林父为右卿士,左卿士郑庄公被分权了。又过了八年,郑庄公的左卿士职位被免。于是,郑庄公拒绝再入朝觐见天子。"周郑交恶"已经公开化。

周桓王为维护王室尊严,亲率王师,并征调陈、蔡、卫、虢等四国军队共同征伐郑国,郑庄公率军迎击,双方在繻(xū)葛(今河南长葛北)发生激战。周天子率领的联军大败,周桓王还被一箭射中肩膀,仓皇撤离。

郑国将领纷纷建议乘胜追击,郑庄公冷静地阻止了他们。在他看来,教训一下周天子就可以了,毕竟不能过于以下犯上,引发众怒。当晚,郑庄公还命近臣前往联军大营慰问周天子的伤势,表达了要缓和矛盾的诚意。场面上,郑庄公还是给足了周桓王面子,尽管这次周郑交战,郑庄公完胜。

郑国人射中周桓王的那一箭,如同一记响亮的耳光抽在了周天子的脸上,让周王室颜面扫地。自此,有实力的诸侯不再拿周天子当回事,周天子低眉顺眼,经济上有求于诸侯,政治上受制于诸侯。天下,说了算的,不再是天子,而是诸侯当中的霸主。

齐僖公：低调才好

相比儿子齐桓公姜小白，齐僖公姜禄甫的名气要小很多，但这并不影响他在齐国历史上的重要地位。如果没有他默默打下的坚实基础，后来齐桓公的争霸之路不会走得那样顺畅。

与郑庄公的张扬霸道相比，齐僖公为人处世要低调得多。不是他不想高调，而是此时的齐国并不强大，所以他更愿意同郑国结盟，跟郑庄公这样的人交朋友。

自太公姜尚被封齐国，历经十二任国君传至齐僖公，齐国的前半段历史曲曲折折，说来话长。

第五任国君齐哀公遭纪国国君纪侯诬陷，竟被周夷王用大鼎烹杀。他的异母弟弟静被立为国君，即齐胡公。为了防止再被纪侯暗算，齐胡公执意将都城由营丘迁往薄姑，但是遭到大臣们的反对。这时，齐哀公的同母弟弟公子山带人杀死了齐胡公，将国都又迁回营丘，并将营丘改名为现在我们熟悉的临淄，他便是齐献公。齐、纪两国交恶，齐哀公的两个弟弟齐胡公、齐献公结怨，这些对齐国政治都是极大的伤害。

齐献公的孙子齐厉公当政时残暴昏庸，齐国人便联络原先齐胡公的儿子回国，攻打残暴的齐厉公，结果两败俱伤，他俩都死了，于是齐厉公的儿子被拥立继位，即齐文公。接下来又经历了齐成公、齐庄公，齐国用了近百年时间休养，政局才渐趋平稳。

齐僖公继位后，对外政策用得最多的便是结盟。

他首先与郑国结盟，巩固了两国既有的盟友关系。郑庄公引荐齐僖公朝见周桓王，齐僖公当面向周天子表达了尊王的态度，受到周天子的赞赏。后来齐桓公著名的"尊王攘夷"的口号在那时已经埋下伏笔了。

齐僖公接着又与鲁国结盟，并将女儿文姜嫁给了鲁桓公。

与大国结盟的同时，齐僖公还热衷于当大国与小国之间的和事佬，主持多国会盟。公元前715年，齐僖公积极调停中原各国的矛盾，主持了瓦屋（今河南温县西北）会盟，结束了宋、卫等国多年攻伐的敌对局面。这次会盟在诸侯国中反响强烈，为齐僖公和齐国赢得了极好的声誉。

当然，齐僖公也不是只劝架，不动手。他是诸侯会盟的倡导者，也是天子权威的维护者。如果有人不尊王，不利于各国团结，那么齐国便出手教训他。那究竟如何来判定这些政治是非呢？老大说了算。当时的老大是谁？郑庄公。

会盟仅仅一年之后，郑庄公以宋国不朝拜天子为由，通知齐、鲁等国联合征伐宋国，狠狠教训了宋国一顿。郑庄公又说，郕（chéng）国和许国接到了出兵通知，却没有响应，也是不尊王，于是齐国先陪着郑国打了郕国，之后又与鲁国一起跟着郑国占了许国的国都。

此后，郑国与鲁国出现矛盾，郑庄公约齐僖公征伐鲁国。权衡再三，齐僖公答应了郑庄公，又拉上卫国共同征伐鲁国。鲁国不敌三国，请宋国出面斡旋，齐僖公见机再次展现调停矛盾的能力，于公元前701年促成四国会盟。三个月后，郑庄公去世。

郑庄公的次子姬突在宋庄公的帮助下回国继位,即郑厉公。宋庄公因此无休止地向郑国索要财物,郑厉公一怒之下,联合鲁国、纪国攻打宋国。宋国便向齐、卫、燕等三国求援。没有了郑庄公,齐国与郑国不再那样亲密无间。郑、鲁、纪三国联军击败了宋、齐、卫、燕四国联军。公元前698年,不甘心的宋国纠集齐、卫、蔡、陈等四国再度出兵,攻入了郑国国都,打掉了郑国的威风。此时的诸侯老大,非齐国国君莫属。同年底,完成了小霸历史使命的齐僖公去世。

楚武王:我敢称王

郑庄公敢用箭射周天子,楚武王熊通则直接称王,公开另立一套政治体系,他比郑庄公更嚣张。

西周初年,周成王封楚人的首领熊绎为子爵,按"公、侯、伯、子、男"的等级来看,楚国在各国当中的位次极低。对此,楚人一直不甘心。熊绎的六世孙熊渠在位时公开宣称:"我就是你们看不上的蛮夷,所以也就不必遵从中原各国的封号了。"他封自己的三个儿子为王。不久周厉王上台,强化王权,不断对不服自己管理的边地小国进行攻伐,熊渠为了保存实力,主动去掉了王号,继续臣服于周天子。

楚人称王的梦想还要等待时机,直至第十七代君主熊通出现。熊通的哥哥熊眴(同"眩")(又称楚蚡[fén]冒)去世后,熊通直接杀了侄子自立为君。

熊通继位不到三年,首先灭掉了权国(今湖北当阳)。他开创性地将权国故地设为权县,中国历史上第一次出现了县这样的地方行政区域。

之后,楚国讨伐汉水东边的重要国家随国(今湖北随州)。随国国君很诧异:"我没有罪过,你们为何要攻打我们?"熊通回答:"我是蛮夷地区的野蛮人。现在诸侯都背叛王室互相攻杀。我有军队,也想参与中原的政治,请周王能封我一个更高的名号。"熊通心里还惦记着子爵这档子事,可自己又不想去问周天子,非要随侯去帮他请示。

随侯畏惧楚国的军威,只好派使者向周王室申请尊号。平白无故将一个子爵国提升为伯爵、侯爵国,周天子当然不答应。随国人只好回来给楚国带话。熊通当时就怒了:"我的祖先鬻(yù)熊是周文王的老师,周成王却只封我的先公为子爵。现在蛮夷部族都顺服楚国,周王不肯加封我的爵位,那我只好自称尊号了!"公元前704年,熊通自称王号,与周天子一个级别,史称楚武王。同时,他在沈鹿(今湖北钟祥)召集江汉地区的十余国举行会盟,建立楚国的势力范围,但是黄国和随国没有参与。面对楚国使者的问责,黄国主动奉上珠宝等财物,算是躲过一难。而老冤家随国直接面对的就是楚国大军了。两军交战,随军大败,随侯只得承认错误,订立盟约,楚国这才撤军。

此后,楚武王又吞并鄖(yún)国(今湖北安陆),出兵攻打绞国(今湖北十堰市郧阳区),胁迫绞国签订城下之盟——成语"城下之盟"的由来。

如果说西周时,熊氏祖先称王还忌惮周王室,如今熊通称王就是明目张胆了,周天子只能听之任之。在召见随侯时,周庄王责怪他不该顺从楚君称王。消息传到楚武王耳朵里,他认为随侯背叛自己,便第三次出兵攻打随国。此时,楚武王已经年老病重,死在途中。楚国随即罢兵,随国这才免遭战火。

文化小常识

诸侯的爵位

周朝建立后,天子将土地分给王室子弟、功臣和前朝帝王的后裔,并赐给他们爵位,这就是封邦建国。虽然这些获封的贵族统称诸侯,但他们的爵位并不相同,从高到低依次分为公、侯、伯、子、男五级。像宋国、虞国、虢国的国君都是公爵,鲁国、齐国、晋国的国君则是侯爵,而蔡国、郑国、秦国的国君都只是伯爵,楚国的先祖当时被封为子爵,楚武王感觉很郁闷,所以才想着自己称王,跟周天子叫板。像许国这样的小国,国君则是最低一等的男爵。随着周王室日渐衰微,诸侯之间的实力对比发生巨大变化,那些强盛起来的诸侯国国君不再严格遵从爵位,都以最高一级的公爵自称。所以,我们看到春秋时期诸侯都被称为××公。再后来到了战国初年,诸侯干脆一起改称××王,不在乎周天子了。

脑洞大开

郑庄公、齐僖公、楚武王三位诸侯所处的时代正是东周前期，周王室日渐衰微给了他们极好的称霸机会。同时，三位诸侯在位都有数十年，确保了称霸举措的推进以及相关政策实施的延续性。

除三位霸主自身素质较高、拥有雄才大略之外，国家实力也是重要因素。此外，齐国东临大海，楚国南居江汉，不仅物产丰富，地域优势更是发展的关键。相比之下，郑国地处中原腹地，被周、晋、卫、宋、陈、蔡等国包围，难有施展空间。如果没有实力强的君主，在国际政治舞台上便难有作为。所以在郑庄公之后，郑国风光不再，而齐国、楚国却一直是春秋战国时期的大国。

尽管只是"暖场演出"，但是春秋三小霸的政治表现可圈可点。楚武王去世后的第五年，即公元前685年，齐国公子姜小白回国即位，真正的政治牛人齐桓公登场，春秋争霸大戏方才正式开启。

成语典故

城下之盟：在敌人兵临城下时被迫订的屈辱盟约。

美食引发的祸事

面对美食，贪吃之人往往管不住自己的嘴巴，也管不住自己的脑子。成语"祸从口出"则是指因为说话不慎惹来灾祸。其实嘴巴是个通道，既能吃下好吃的，也能说出不好听的。所以管不住自己的嘴巴，啥都想吃，可能会招致灾祸；啥都乱说，更会引起争端。

一碗羊肉汤

华元是宋国的贵族。他历事四位国君，是响当当的四朝元老。宋国与楚国的关系一直不算太好。楚穆王曾约郑、蔡、陈、许和宋这几个小国的国君一起打猎，因为一点儿小事当众羞辱了宋昭公，宋、楚两国矛盾加深。公元前607年，新继位的楚庄王以宋国不来朝贡为名，让自己的跟班郑国出兵攻打宋国。宋国派华元为将，领兵抵抗，双方在大棘（今河南柘城）发生激战。结果宋军

本文内容参考《史记·宋微子世家》《史记·郑世家》《史记·刺客列传》《左传·宣公二年》《左传·宣公四年》。

大败,华元被俘。不过,宋军这一仗败得出人意料。

交战前,为了鼓舞士气,华元命人杀羊犒劳将士,全军上下都享受了一碗鲜美的羊肉汤,唯独有一个人一口都没尝到,他就是华元的车夫。

或许在华元看来,打仗靠的是战斗人员,自然要让他们吃饱吃好。而自己战车的车夫,既不用冲锋在前,又没有生命危险,自然也就不用犒劳了。但车夫感到很郁闷:同样在军中效力,凭什么自己就是那个被遗忘的人?

第二天开战,车夫驾着主将华元的战车径直冲向敌阵。华元大惊失色,赶忙叫停。车夫并没有勒住缰绳,而是不慌不忙地回答道:"昨天分羊肉汤给大家喝的事,你做主。今天打仗驾车的事,我做主。"于是,郑国军队捡了个大便宜,一开战对方主将直接被送上门来,战斗瞬间结束。

华元是重臣,宋文公不能不闻不问,赶紧派人带着一百辆战车、四百匹毛色漂亮的好马前往楚国去赎人。重礼还没送到,华元却已经自己设法逃回了宋国。

关于这个故事,《史记》的《宋微子世家》和《郑世家》均有简要记载,《左传·宣公二年》里还有更为详细生动的记载。关于这个车夫,《郑世家》和《左传》里都说叫羊斟。显然这不是真名,而是史家借羊肉汤之事替他取的名字,旨在暗示车夫对那碗羊肉汤耿耿于怀。

故事虽短,却留下了两个成语。《左传》中,车夫那句"畴昔之羊,子为政;今日之事,我为政"衍生为成语"各自为政",意思是各自按自己的主张办事,不互相配合。比喻不考虑全局,各搞一套。同时,还有一个典故就是"羊斟惭羹",人们常常用来形容以私害公的人。

关于这个故事,史家多是批评车夫"以其私憾,败国殄民"。换一个角度来看,华元身上的问题其实也不小——作为统帅,犒劳部下时他没有一视同仁。如果不是他分配福利不公,引发车夫的怨气,怎么会有后来车夫在战场上的一系列反常行为,并最终导致宋军失败呢?

一份甲鱼汤

与宋军交战的郑国主将是公子子家,他亲眼见证了车夫羊斟在战场上的愤怒。接下来,他还将目睹并参与由一份甲鱼汤在朝堂上引发的血案。

郑国大胜的第二年,郑缪公去世,他的儿子郑灵公继位。春季的一天,子家和子公一起去朝见大王。路上,子公的食指突然不由自主地颤动了一下。子公便笑着说:"看来今天宫中有美味在等着我们了。"子家不解。子公解释道:"我有一种特异功能。每次我的手指自行颤动的话,都会尝到珍奇的美食。"

恰好楚国送给郑灵公一只鼋(yuán)鱼——一种体形超大的甲鱼,味道鲜美。两人觐见时,恰好看到郑灵公正在吃鼋鱼汤,子公和子家相视一笑，说："果然如此。"郑灵公觉得奇怪，便问原因。子公得意地将自己有预见美食的特异功能说了一遍。然后，他就等着吃鼋鱼了。

没想到，郑灵公命人将鼋鱼汤分给在场的诸位大臣，唯独不给子公。显然郑灵公这是不想让他吃到美食，顺带嘲讽一下他的所谓特异功能。看着大家都在津津有味地喝鼋鱼汤，子公怒不可遏，走到煮汤的大鼎前，伸出手指蘸了蘸汤汁，放进口中使劲一吮，之后一甩袖子，转身出宫。

郑灵公气得脸色铁青。他本想给子公一点儿颜色，教训一下他，让他不要嘚瑟。没想到，子公竟然毫不知趣，变本加厉地跟自己叫板。郑灵公已经有了杀子公的念头。

同样在殿上的子家看到郑灵公盛怒，散朝后赶紧去找子公。子公当然也知道自己的冲动惹了大祸。他原本就对年轻的郑灵公不满，这次干脆动了杀机，并要子家一起谋杀郑灵公。子家觉得事态严重，不敢答应。子公威胁道："如果你不同意，我就去大王那里告发你图谋不轨。"胆小的子家害怕了，思前想后发现自己进退维谷，已经跟子公绑在一条船上了，只好硬着头皮答应跟他一起干。夏季，子公和子家合谋杀死了即位不到一年的郑灵公。郑国人立郑灵公的弟弟公子坚为君，史称郑襄公。

关于这个故事，《左传》当中的记载比《史记》更为详细。子公把手指伸到鼎里蘸汤的动作——染指于鼎，后来也成为一个著名的成语，后人常常用来比喻沾取或分取非分的利益。

郑襄公上台后就想将谋害郑灵公的子公铲除，但是众多臣子力保，便仍旧任命子公为大夫。六年后，子家去世，他的家族被国人赶出国都，因为人们认为他是杀郑死灵公的凶手。

明明是子公弑君，子家顶多算是从犯，为什么国人都把他看成凶手？对此，孔子在《春秋·宣公四年》里这样记载："郑公子归生弑其君夷。"归生是子家的名，子家是他的字，夷则是郑灵公的名。在孔子看来，子家身为郑国大臣，在子公谋逆时，事前不举报，事中不阻拦，事后不讨逆，保持一种事不关己、姑息纵容的看客心态，完全没尽到为人臣的责任，这让孔子无法容忍。所以他断言，朝廷有难之际，这样没有担当的庸碌之臣比乱臣贼子更危险，杀死郑灵公的凶手就是归生（子家）。

鱼肠剑

郑灵公因为鼋鱼汤跟大臣起纷争，丢了性命。吴王僚却是眼睁睁看着一盘烤鱼端上来，一口没吃就被鱼肚里的短剑刺死了。

吴王诸樊一共兄弟四人，他觉得最小的弟弟季札贤明，于是不立太子，而是要求依照兄终弟及的顺序，将王位依次传下去，最后传到小弟弟季札那儿。诸樊死后传位二弟，二弟死后传位三弟，三弟死后，四弟季札却不肯继位，逃跑了。于是大臣们便拥立三王的儿子僚为国君。

大王诸樊的儿子公子光觉得很不公平，他觉得自己才是真正的嫡子,应该继承王位。于是,他开始秘密筹划,伺机夺取王位。

在遇到智囊伍子胥,结交了刺客专诸之后,一个刺杀吴王僚的计划浮出水面。

这天,公子光进宫汇报,说自己府上新请了一位厨师,烹得一手好鱼,特来请大王过府尝鲜。

吴王僚犹豫了。他对公子光是有防备的,因为公子光素有大志,不是个安分的主儿,他害怕公子光算计自己。但偏偏他又忍不住嘴馋,一听说有鱼吃,理智开始跟着味蕾走了。

考虑再三,吴王僚决定过府吃鱼,但是做足了安保措施:从王宫到公子光家一路布满卫兵,进入厅堂的所有人都必须接受严格检查。

过府客套完毕,吴王僚开始期待美味烤鱼的登场。公子光好像有痛风的毛病,几杯酒一喝,脚趾和脚后跟疼得他龇牙咧嘴,他只好起身告假下去吃点儿药。

这时,那个叫专诸的大厨端着托盘上来了。卫兵把他从上到下、从里到外搜了个遍——没有问题——便放他进宴会厅。吴王僚老远就闻着醇香的鱼味了,直勾勾地盯着专诸托着的那盘美味烤鱼。

专诸走到吴王僚的桌案前,轻轻将鱼盘呈上。吴王僚顿时口齿生津,心里眼里都是美味烤鱼,彻底失去了防备。只见专诸右手突然伸进鱼腹,抽出一柄三寸长短的锋刃。

说时迟,那时快,专诸左手一晃对方眼神,右手将那柄被后世唤作鱼肠的名剑直接插入了吴王僚的胸膛。吴王僚带着深深的遗憾,眼睁睁瞅着到嘴的烤鱼给自己做了陪葬。

左右卫兵急忙上前斩杀刺客专诸,但是吴王已死。宴会厅里一片混乱之际,公子光和伍子胥带着伏兵冲入,结束了战斗。公子光自立为吴王,改名阖闾,他便是春秋后期那位著名的吴王。

吴王僚因为贪吃丢了性命,专诸因为刺杀吴王僚成了古代著名的刺客,那柄藏在鱼肚中的短剑得名鱼肠剑,成为中国古代的一柄名剑。

脑洞大开

从华元到郑灵公，再到吴王僚，都是因吃遇祸，祸从口入。这些故事背后，满满的都是心机和欲望。

华元和车夫的矛盾绝不是少了一碗羊肉汤那样简单。宿怨积累，羊肉汤成了导火线。如何宽以待人，如何以大局为重，华元和车夫给我们上了一课。

郑灵公似乎也不太会当领导，容不得臣子开玩笑。他任性地剥夺了子公吃美食的权利，子公同样任性地染指于鼎。在郑灵公看来，子公这是在叫板自己的权威，于是起了杀心。不料，他比别人狠，别人比他快，最终他做了短命鬼。这起命案当中，还有一个人值得关注——子家。他是整个事件唯一的证人，他了解前因后果，并且有从中调解、平息矛盾的可能，但是怯懦的他只在那里袖手旁观，助纣为虐，最终酿成惨案。所以说，有时看客更可怕。

专诸刺王僚整个就是一出精心设计的鸿门宴。精心筹划的饭局，重点不在饭而在局，鱼不过是幌子，剑才是这个局的关键。

当吃成为祸，美味早已乏味，还是管好嘴巴，提高智商吧。

成语典故

各自为政：各人按照自己的想法办事，互相之间不协调、不配合。为政，主政，主事。

染指于鼎：手指伸到鼎里蘸点汤。比喻获取非分的利益。

"秦晋之好"真的好吗

我们常常会用成语"秦晋之好"来形容两家结成婚姻的喜事。这个秦和晋自然指的是春秋时期的秦国和晋国。回顾历史,我们要问:秦、晋两国的关系真的那样好吗?

骊姬乱晋

这是一张极为复杂的家族关系图。

西周初年,周成王将唐地封给弟弟叔虞,之后叔虞的儿子迁居晋水旁,国号由唐改晋。从西周到东周前期,晋国经历了由统一到分裂,再由分裂到统一的曲折历程。

实现晋国第二次统一的是晋武公姬称。晋武公晚年娶了齐桓公之女齐姜,而齐姜与太子诡诸有了私情。所以当诡诸即位成为晋献公后,出现了有悖伦常的事:他将自己的庶母齐姜娶为夫人,之后生下一女伯姬、一子申生。这个伯姬后来嫁给了秦穆公。

本文内容参考《史记·秦本纪》《史记·晋世家》。

这算是秦晋之好的第一桩婚姻。

晋献公征伐骊戎时,得了骊姬姐妹这一对美女,对她们十分宠爱。几年后,骊姬生下一子奚齐。为了让自己的儿子获得继承权,骊姬贿赂晋献公身边的宠臣,让他怂恿晋献公将太子在内的几个儿子全部派驻外地。晋献公正有废长立幼的意思,便同意了。此后,骊姬不断陷害太子申生,最终逼迫太子自杀。

骊姬准备陷害对儿子奚齐有威胁的晋献公的另外两个儿子夷吾和重耳。得知消息后,重耳逃往翟国,夷吾逃往梁国。

三年后,晋献公去世,奚齐即位不到一年就被大臣所杀。国不可一日无君,大臣们便派人前往翟国迎接公子重耳回国继位,不料重耳拒绝了这番好意。大臣们只好转向梁国迎接公子夷吾。

夷吾满口答应。他的手下提醒道:"为了能够服众,坐稳宝座,最好借助一下秦国的威势。"夷吾于是派人携厚礼前往秦国,许诺:"如果我能顺利回国,愿把晋国河西之地献给秦国。"已经娶了夷吾姐姐伯姬的秦穆公当然高兴,立刻派兵护送小舅子夷吾回国。

夷吾无信

借助秦国的威势,夷吾顺利继位,史称晋惠公。该兑现承诺的时候,他却派人前往秦国向姐夫秦穆公道歉:"当初我答应把河西之地许给秦国,可是我回到晋国后,大臣们纷纷表示,土地是先君留下的遗产,我之前逃亡在外,没有资格擅自许诺给他国。我再怎么争取也没用,真的不好意思。"秦穆公心里会怎么想?

晋惠公即位第四年(公元前647年),晋国大旱,不得不向秦国请求粮食援助。虽然对夷吾意见极大,但是念及晋国百姓,秦穆公还是答应给晋国运粮。

次年,秦国发生饥荒,同样向晋国请求粮食援助。晋惠公与大臣商议后的决定是,不给粮食,并趁机攻打秦国。

新忧旧恨交织,秦穆公果断率兵迎击晋军。一番激战后,晋惠公夷吾被俘。秦穆公向全国宣布,要用不讲信义的小舅子夷吾的血祭祀上天。

关键时刻还得姐姐出手相救。秦穆公的夫人伯姬毕竟是夷

吾同父异母的姐姐,她穿上丧服,光着双脚哭泣不止:"我不能挽救自己的兄弟,以致大王下令杀他,让大王承担诛杀妻弟的恶名,实在有辱大王。"与此同时,周天子也派人来求情。于是秦穆公与晋惠公订立盟约,把之前许给秦国的河西之地兑现承诺,就放他回国。

晋惠公把太子圉(yǔ)送到秦国做质子(人质),秦穆公又将宗族之女(一说女儿)嫁给太子圉,两国关系得以修复。这是秦晋之好的第二桩婚姻。

重耳"接盘"

又过了几年,晋惠公病重。得知消息的太子圉坐不住了,他跟妻子商量:"我的母亲是梁国人,如今梁国已亡,我又在秦国为质,在晋国也没有内援。现在父亲病重,而我兄弟众多,我担心大臣们会改立其他公子为君。"他希望和妻子一起逃回晋国。

嬴氏女(史书中没有写明秦穆公女儿的名字,因为她姓嬴,我们暂且称她嬴氏女)不愿跟随,但也没有声张,于是公子圉不告而别,只身回到晋国。次年,晋惠公病逝,公子圉继位,史称晋怀公。因此,史书上称他的妻子嬴氏女为怀嬴。

对于夷吾、圉父子知恩不报、过河拆桥的做派,秦穆公极为不满。他派人到楚国把仍在流亡的晋国公子,也是他的另一个小舅子重耳请到秦国。对重耳，秦穆公再次使用婚姻策略，一下子送上五个宗室女子，其中就有一个特别人物——晋怀公圉没有带走的妻子怀嬴。

晋怀公圉是重耳的侄儿，他的妻子怀嬴就是重耳的侄媳。如果从秦穆公夫人这边论起来，怀嬴又是重耳的外甥女。重耳当然不愿接受怀嬴。他身边的胥臣劝道："接受此女可使秦、晋两国修好，您也能早日返回晋国。大是大非面前切不可拘泥小节。"他的言外之意是，作为国君，首先考虑的应该是政治，而不是爱情！重耳听从了这个建议，接受了怀嬴。这是秦晋之好的第三桩婚姻。

此举不仅解决了怀嬴夫人的婚姻难题，还让秦穆公第一次看到了晋国人的诚意，他非常满意，于是厚待重耳，并于次年（公元前636年）派三千人马护送重耳回国。大臣们纷纷前往迎接，重耳即位，便是赫赫有名的晋文公。那位二婚的怀嬴夫人也正式成为晋国国君的夫人，史书上也有以她后任丈夫晋文公的谥号叫她文嬴的。而她的前夫晋怀公圉不得不逃往高梁，不久被杀。

关于秦晋之好错综复杂的人物关系，仔细梳理后我们发现，虽然晋国这边有好几个君主，但是秦国这边只有一个人——秦穆公。他是晋惠公夷吾和晋文公重耳的姐夫，又是晋怀公圉的姑父、曾经的老丈人，另外他也是小舅子晋文公重耳的岳父。这个家谱关系着实让人看晕了。

和后世的许多政治联姻一样,秦、晋两国君主之间的通婚充满了浓浓的功利色彩。为了政治需要,为了拉拢关系,一句所谓亲上加亲便牺牲了众多王室女子的幸福。没有缘由,没有铺垫,说娶就娶,说离就离,一切都是紧紧围绕政治这个主题展开。每一桩看似门当户对的高门大户的婚姻背后,都是生硬的拉郎配,不讲感情,不讲辈分,只讲政治利益。

秦晋之好,好的是国君,对于国家关系的真正改善其实并不能起到太大作用。秦晋之间的蜜月甚至没有国君与夫人的新婚蜜月长。春秋时期各国之间其实都有不同程度的联姻行为,晋文公就还娶了齐桓公的宗室女齐姜。但是,联姻归联姻,交战归交战,各国之间的战争从来没有因为国君的姻亲而停歇,故此这样的战争更像是亲戚名义下的窝里斗。

令人唏嘘的是那些宗室女子。她们牺牲了自己的青春、感情、幸福,甚至赌上了性命。兵临城下的是自己故国的铁甲雄兵,壁垒森严的又是自己丈夫、子女的王国,夹在当中的她们进也不是,退也不是,根本不知道在战争中应该偏向哪一方。日复一日,年复一年,她们围在"战争与和平"这一命题的煎熬中心惊胆战。

有些女子甚至不自觉地融入政治,在家长里短的婚姻里加入了国与国的暗战,比如怀嬴夫人。怀嬴和重耳蜜月期间的一天早上,洗完手的重耳没有接过怀嬴递来的毛巾,而是大大咧咧地将手甩干,四散的水珠溅到了怀嬴的脸上和身上。

怀嬴勃然大怒道:"秦、晋本是对等的国家,你为何这样轻视我?"眼见夫人把日常小事上升到国与国之间的关系问题,寄人篱下的重耳吓得赶紧脱去上衣,让人将自己反剪双手跪在地上向夫人请罪。

或许是怀嬴太敏感,但这件小事过后,重耳再不敢小视这位年轻的夫人了。回国即位后,他亲自到黄河边迎接怀嬴入宫。虽然晋文公没有册立正妻,但怀嬴已然成为后宫之首。她是在为自己争取权势,更是在为秦国争取地位。佩服之余,我们不禁对这样的夫妻关系生出几分恐惧:这样过日子太累了!

晋文公逝世后,晋襄公即位,秦军趁机长途奔袭郑国,无功而返。在回程途中的崤(xiáo)山,晋军布下埋伏偷袭秦军,俘虏了孟明视、西乞术和白乙丙三名秦将。关键时刻,怀嬴夫人对晋襄公说:"秦国想得到这三个败将,处死他们。"晋襄公于是送还了三将。怀嬴夫人看似无心的一句话,救下了秦国三个不可多得的人才。为故国,她可以做的也只有这些了。

在秦国开疆拓土、争霸中原的进程中,晋国始终是挡住他们东向发展的拦路虎。晋国强大,不可力战,所以秦穆公不厌其烦地与晋国联姻,培植新君,希望在未来的东进行动中晋国不要为难秦国。实际情况呢?仗还是要打,姻还是要联,对话还是要进行,一切照旧,这就是政治。

成语典故

秦晋之好：春秋时，秦、晋两国好几代都互通婚姻。后人以此称两家联姻。

赵氏孤儿：故事里的事

《史记》中的人物形形色色，故事异彩纷呈，如果要选出流传最广、最令人唏嘘动容的故事，当属"赵氏孤儿"。偏偏这样一则经典在后世史家的反复论证后显示，它可能真的只是一个故事，而不是历史。一个故事缘何超越史实，传颂两千年？因为它讲述的不只是故事，还有人性。

赵盾的怪梦

晋国卜卿赵盾执政二十几年，历晋襄公、晋灵公和晋成公三世，政绩卓著，同时也权倾朝野。一天赵盾做了一个怪梦，梦见赵氏祖先叔带搂着他的腰悲伤地痛哭，之后又拍手大笑歌唱。醒来后觉得奇怪的他开始占卜，只见龟甲上烧出的裂纹出现了中断，但在后边又呈现完好的裂纹。

对此，他手下的史官援判断："这个梦是大凶之兆，不会应验

本文内容参考《史记·赵世家》《史记·晋世家》《左传·成公四年》。

到您身上，而是在您儿子身上，但是您的过错。到了孙子那一辈，赵家可能更加衰落。"听起来确实很吓人，可是细想起来，赵家如此大的势力怎么会衰落呢？时间一久，这个怪梦就无人再提了。

当然，由梦说事历来是小说固有的情节表现方式。抛开怪梦不提，此时赵盾的周围的确是危机四伏。作为晋襄公的托孤大臣，赵盾擅自决定改立太子，引发了一系列政治纠纷。尽管最终还是按晋襄公的意思立了夷皋为君（即晋灵公），但是年幼的晋灵公与赵盾矛盾重重。晋灵公甚至派刺客刺杀赵盾，直至逼得赵盾远走国境。赵盾的堂弟（一说堂侄）赵穿杀死晋灵公，迎立晋襄公的弟弟、晋灵公的叔叔黑臀为君，是为晋成公。犯上弑君的罪责记在了赵盾头上，但是国君没有追究赵盾、赵穿兄弟的责任。

晋成公在位仅七年，之后是他的儿子晋景公。此时，赵盾也已去世，谥号宣孟，所以赵盾又被称为赵宣子。他的儿子赵朔承袭了他的爵位。

屠岸贾发难

当年赵盾当权之时，没有在意晋灵公身边的一个小人物屠岸贾（gǔ）。赵盾招晋灵公厌恶，屠岸贾却颇受宠信。晋景公在位时，屠岸贾做到了司寇（掌管司法刑狱的高官）。这时，屠岸贾开始向赵氏发难。

屠岸贾翻出赵穿弑君的旧事，公开宣布："赵盾虽然不知情，但他仍是逆贼首领。做臣子的杀害国君，他的子孙却仍在朝为官，这还怎么惩治罪人？我请求各位诛杀赵氏。"

正卿韩厥曾是赵盾的家臣，深受赵盾恩惠，所以他赶紧出来说公道话："灵公遇害时，赵盾在外地，先君（成公）认为他无罪，所以没有杀他。"韩厥非常聪明，先用先君来给赵盾正名，接着就指出了屠岸贾此举的错误，"如今各位要诛杀赵氏后人，这不是先君的意愿，而是随意滥杀，就是作乱。做臣子的有大事却不让国君知道，这是目无君主。"

韩厥所言有理有据，但是屠岸贾铁了心要置赵家于死地，根本不理睬。韩厥见状，通知赵朔赶紧逃跑。然而赵朔不肯逃跑，而是请求韩厥帮助延续赵氏的香火。韩厥点头应允。

不久，屠岸贾没有请示国君便率兵在下宫（亲庙）攻击赵家，杀死了赵朔、赵同、赵括（与战国时纸上谈兵的赵括同名）、赵婴几个兄弟，并灭了赵氏全族。

义士救孤

赵朔的妻子是晋成公的姐姐，当时已有身孕。灭门之时，她逃到王宫藏了起来。赵朔的好友程婴知道此事。赵朔的门客公孙杵臼（chǔ jiù）见到程婴时质问他："你为什么不为好友赵朔去死?"程婴回答:"赵朔的妻子有了身孕,如果有幸是男孩,我将奉养这个孩子;如果是女孩,我再去自尽不迟。"原来,程婴有意保护赵家的后代。

不久,赵朔的妻子分娩,生下一个男孩。屠岸贾得知,带人去宫中搜捕。夫人无处藏匿幼子,情急之下将孩子藏在自己肥大的裤子里,心中暗暗祷告:"赵氏宗族要是灭绝,孩子你就大哭;如果天不绝赵,你就不要出声。"面对屠岸贾的层层盘查,这个孩子果真没有出声。

暂时躲过了第一关,但孩子不能留在宫内。程婴和公孙杵臼为如何躲避日后的搜捕犯了愁。

公孙杵臼问:"扶立遗孤和死,哪件事更难?"

程婴答:"死很容易,扶立遗孤难。"他明白,慷慨赴死是一时之事,扶立遗孤却是十数年的忍辱偷生,不负重托。

公孙杵臼便说:"赵氏先君待您不薄,您就勉为其难做那件难事;我做那件容易的,让我先死。"

两位义士默契地完成任务分配,自觉自愿地开始履行各自的使命。

他们设法得到一个被父母遗弃的男婴,包上锦被,藏入深山。之后,程婴从山里出来,假意向追兵告发:"我是个没出息的人,不能抚养赵氏孤儿。谁能出千金,我就说出孩子的藏匿之地。"很快,收到千金的程婴带着追兵抓获了公孙杵臼。

为了保护赵氏遗孤,程婴和公孙杵臼演起了双簧。

公孙杵臼破口大骂:"程婴小人!当初赵氏蒙难你不去赴死,

还跟我商量隐藏孤儿,今天却出卖我。即便你不能抚养,又怎么忍心出卖他呢?"他抱着婴儿向追兵请求:"苍天啊,这个孩子有什么罪过?请你们让他活下来,只杀我一人。"最终公孙杵臼和孩子都被杀死。追兵以为赵氏孤儿已死,心满意足地收兵了。

而真正的赵氏遗孤跟随程婴隐居在山中。

大仇得报

一转眼,十五年过去了。

晋景公生病,找人占卜,得到的结果是,上古名人皋陶(yáo)的子孙不顺利,因此作怪。晋景公不解,求教上卿韩厥。韩厥知道赵氏孤儿还在世,于是不失时机地进言:"皋陶的后代如今在晋国断绝香火的,不就是赵氏吗?皋陶的后人曾经辅佐周天子,周王室衰微后,他们的子孙又来到晋国辅佐先君,世代建立功业,从未断绝过香火。现在您灭了赵氏宗族,晋国上下都为他们悲哀,所以占卜时显示出来了。希望您能三思。"

晋景公沉默半晌,问道:"赵氏还有后代吗?"韩厥见时机已到,把实情完完整整地说了出来。晋景公非常愧疚,便和韩厥商量找回这个少年。他们首先把赵氏孤儿找来,藏入宫中。

当将军们进宫时,晋景公叫出赵家这个叫赵武的孩子。面对韩厥安排的众多士兵,将军们不敢轻举妄动,纷纷向晋景公坦白:"当初的灭门行动是屠岸贾策划的。他假传君命,向群臣发令,令我们发动变乱。"将军们都善于察言观色,他们还主动说,"如果不是您身体不适,我们本来就要请赵氏后代了。如今您的命令就是我们大家的心愿啊!"当年灭赵的这帮将军迅速结成了反屠岸贾联盟,他们与程婴、赵武一起攻打屠岸贾,诛灭了他的家族,为赵氏报了血海深仇。晋景公也把原属赵氏的封地赐给了赵武。

程婴复命

几年后,赵武成人,行加冠礼。老程婴拜别众人,并向赵武告辞:"当初的宫变,人人皆死,我并非不能去死,我是为了扶立赵氏后代。如今你已承袭祖业,长大成人,恢复了赵氏的爵位,我的任务已完成,我要到地下去向赵宣子和公孙杵臼复命去了。"

赵武哭着叩头,坚持挽留程婴:"我宁愿自己受罪也要报答老人家的救命和养育之恩,为您养老送终。难道您忍心离我而去吗?"

程婴摇头说:"不行啊,孩子。当年公孙兄认为我能完成大事,所以选择在我之前赴死;如今我还不去复命,公孙兄在地下会以为我还没有完成任务。"程婴说完,从容自尽。之后,赵武为程婴守孝三年,为这位大恩人设立祭祠,春秋祭祀,世代不绝。

下宫之难的真相

结合《左传》和《史记·晋世家》的相关记载,后世历史学家逐渐解开赵氏孤儿相对可信的历史情形:赵氏宗主赵朔去世后,他的妻子庄姬与赵朔同父异母的弟弟赵婴有男女私情,赵婴的两个哥哥赵同、赵括为了争权,借这一丑闻将赵婴放逐并最终致死。赵氏由此分裂了。

庄姬是晋成公的姐姐。赵婴死后,庄姬和不满十岁的儿子赵武住在晋景公的王宫。为了给赵婴报仇,庄姬诬告赵同、赵括谋乱,晋景公召集正卿栾书商议。作为赵氏反对势力的首领,栾书当然不会放弃栽赃赵氏的机会,他和大臣郤锜(xì qí)力主出兵平定所谓赵氏叛乱。于是晋景公召集诸卿贵族攻打赵氏,诛杀了赵同、赵括,并灭其族。晋国的百年旺族赵氏就此中落。

此后,受过赵家恩惠的韩厥对晋景公谈起赵家先人赵衰、赵盾的功绩时,指出:"如果像他们这样的人都没有后人祭祀,将来还有谁愿意为国效力?"于是晋景公复立外甥赵武为赵氏后嗣,恢复了赵氏的爵位和封邑。

原来,赵氏灭门的导火索是一件乱伦之事,这起血案的行凶者是栾书、郤锜等人。而屠岸贾,只是晋灵公身边的一个奸佞宠臣,并未参与后来的下宫之难。至于义士公孙杵臼、程婴,都是虚构的人物。

脑洞大开

赵氏孤儿的故事,最早出现在《史记·赵世家》中,真正得到完整演绎是在千年之后的元朝,剧作家纪君祥结合历史和传说,创作了同名杂剧,成为元曲四大悲剧之一。该剧还是第一部传入欧洲的中国戏剧,英国剧作家威廉·哈切特曾将其改编为《中国孤儿:一出历史悲剧》,在英国文化界引起反响,法国文学家伏尔泰也将其改编为《中国孤儿》。

《赵氏孤儿》之所以影响巨大，不只是因为悲剧性的复仇情节，更在于其所传达的见义勇为、守信重诺的崇高价值观。相比屠岸贾的恶，程婴和公孙杵臼的善与忠更让受众印象深刻。程婴和公孙杵臼的戏份就是赴死，为了一个承诺而死。虽然相隔二十年，两位义士的死同样惊天地、泣鬼神。

　　为了掩护程婴和孤儿，公孙杵臼毅然赴死，悲壮凄美。

　　而程婴的死却要经历一段长达十五年的漫漫长夜。程婴背负着卖主求荣、卖友求荣的骂名隐居山林，含辛茹苦地抚养赵氏遗孤。其实公孙杵臼倒下的那一刻，程婴的心也已经死了，只不过重任还没完成，只能靠信念支撑着疲惫的肉体苟活世间。对他而言，在人世的每一天何止是度日如年。

　　赵氏大仇得报，如释重负的程婴选择了悄然离世。任务完成，他无意留恋人间，而是要去地下向老朋友报告苍天有眼的好消息。为承诺而生，为道义而死，这样的人生似乎用忠义都不足以概括，他们的名字应该叫圣贤。

　　鲁迅先生曾评价《史记》：史家之绝唱，无韵之《离骚》。基于此，"赵氏孤儿"这个半虚构故事才能跻身《史记》，熠熠生辉。

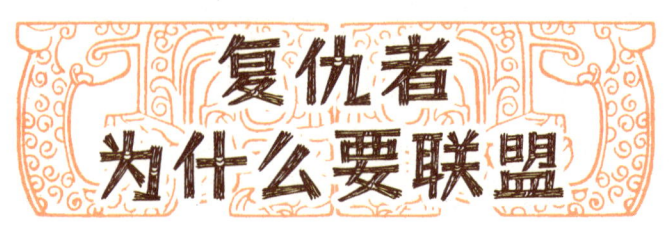
复仇者为什么要联盟

时间： 公元前6世纪后期—公元前5世纪前期
复仇者一号： 伍子胥，楚国太傅伍奢次子
复仇者二号： 吴国公子光，后为吴王，改名阖闾
复仇者三号： 吴王夫差，阖闾之子
复仇者四号： 越王勾践
编外复仇者： 申包胥，楚国人，伍子胥曾经的好友

这一连串复仇故事的源头，竟是楚国奸臣费无忌（一作费无极）为昏君楚平王办的一件龌龊事。

费无忌奉楚平王之命去秦国为太子建迎娶美丽的公主，卑鄙的佞臣竟然告诉楚平王："秦国公主十分美丽，应该嫁给大王，至于太子可以再娶一个姑娘。"好色的楚平王乐得如此。费无忌担心将来太子会报复自己，于是竭力诋毁太子。不久，心中有愧的楚平王将太子派驻边关。

本文内容参考《史记·伍子胥列传》《史记·楚世家》《史记·吴太伯世家》《史记·越王勾践世家》。

费无忌又诬陷太子在边关勾结诸侯要谋反,楚平王便将太子的老师伍奢召来审问,伍奢自然为太子鸣不平。楚平王一怒之下将伍奢关进了监狱。为了斩草除根,费无忌派人哄骗伍奢两个优秀的儿子伍尚、伍员(字子胥,我们都习惯叫他伍子胥)来都城。兄弟俩都是明眼人,识破了诡计,但是老大伍尚毅然回京陪父亲就死,让二弟逃走,将来好为伍家报仇。

复仇目标一：夺位之仇

伍子胥似乎是为复仇而生。此后无论在宋国、郑国,还是吴国,遇到多大的磨难,享受多好的待遇,他始终牢记自己的复仇使命,以至于他在大仇得报之后,仍旧继续着他的复仇模式,直到他被另一个更牛的复仇者打败。

亡命列国的伍子胥在宋国找到太子建,一起逃往郑国。不料他们卷进郑国的一桩政治事件,太子建不幸被杀。伍子胥只好带着太子建的儿子胜再度逃亡。千辛万苦逃往吴国,身无分文的伍子胥只好沿街乞讨。不幸中的万幸,他遇上了吴国的公子姬光,通过公子光他见到了吴王姬僚。

伍子胥不失时机地怂恿吴王僚进攻楚国,公子光却阻止吴王僚道:"伍子胥因为父兄被楚平王所杀,所以劝说大王攻打楚国,他只不过是想为自己报仇。"

伍子胥无奈，只得退隐吴国乡间，同时将自己认识的吴国都城的一位壮士——专诸推荐给了公子光。因为伍子胥知道公子光的秘密——他也是复仇者。必须先完成公子光的复仇，自己的复仇才有可能完成。

原来，吴王的宝座本是公子光的，却被姬僚捷足先登了。表面平静的公子光时刻想着杀死姬僚，夺回属于自己的王位。

五年后，楚平王死了，楚昭王即位。吴国趁乱向楚国开战，两国军队激战正酣，吴国国内空虚。公子光命专诸刺杀了吴王僚，夺回王位，同时改名阖闾。

复仇目标二：父兄之仇

阖闾的仇报了，伍子胥自然是首功一件，他再次回到台前，继续他的复仇计划。

吴王阖闾旗下不仅有伍子胥、伯嚭（pǐ）这些楚国旧臣，还有当时最牛的军事家孙武。他们在六年时间里三次对楚国发动战争，最终攻入楚国的郢（yǐng）都（今湖北江陵北）。伍子胥遍寻楚昭王不着，满腔仇恨无处发泄，便命人掘开楚平王的坟墓，拖出楚平王的尸骨，一口气抽了几百鞭子。

伍子胥似乎出了恶气，但是旁人对他的看法却由同情转向气愤。

伍子胥的好友申包胥因为郢都沦陷而躲到山中。得知鞭尸楚平王一事，他让人带话给伍子胥："你这样报仇的方式也太过分了吧！你从前是平王的臣子，现在竟然鞭打他的尸体，岂不是不讲天理到了极点！"逐渐冷静下来的伍子胥苦笑着说："吾日暮途远，吾故倒行而逆施之。"翻译过来就是：我年纪一天天大了，可报仇的事（指追击逃跑的楚昭王）却遥遥无期，所以才做出这样违背常理的事。伍子胥这句话后来也引申出两个成语：日暮途远和倒行逆施。

他突然想起当年自己逃亡时，跟申包胥的最后一番对话。伍说："我必覆楚。"申包胥答："我必存之。"伍子胥觉得，好朋友不理解他失去父兄之痛，而他必须通过灭亡楚国，来为自己的家族雪耻。

今天，伍子胥基本实现了自己的誓言，而申包胥也要开始履行自己的承诺。他去秦国求救，秦哀公不理。于是，申包胥在秦宫外痛哭了七天七夜。最终，秦哀公被感动了："楚王虽然无道，但有这样的臣子，我们怎么能不去保全楚国？"

秦哀公理解申包胥的苦心：伍子胥的仇人是楚平王和费无忌这对昏君佞臣。仇人已死，伍子胥的复仇行动已经没有实际意义。现任楚王与伍子胥没有直接仇恨，而伍子胥带领吴军攻占楚国，已经是侵略行径。显然，伍子胥已经坠入了偏执的个人恩怨中无法自拔。申包胥必须出手拯救楚国。

秦国出兵干预，吴军大败。加上国内出现叛乱，吴军只好撤出楚国，伍子胥的复仇行动似乎可以结束了。

复仇目标三：杀父之仇

伍子胥却停不下来了。他喜欢上了灭楚战车载着他一路狂奔的疯癫体验，那是摧毁一切的狂躁，那是不问是非的霸道，那是感性胜于理性的执拗。

吴国攻楚，吴王称霸。已经复仇的伍子胥并未像孙武那样功成身退，而是继续做吴国的高官，为吴王的称霸事业继续卖命。几年后，吴王阖闾发动对越国的战争。新晋越王勾践派死士在阵前上演自刎秀，吓傻了吴军，越国精锐部队一拥而上，击败了吴军。吴王阖闾也身负箭伤，弥留之际，阖闾告诫儿子夫差："千万不要忘记越国的大仇！"

于是夫差作为复仇者三号登上王位，开启了复仇模式。直到这时，伍子胥才意识到，自己的复仇之路刚刚告一段落，新的复仇行动却已开始。或许命里注定他就是为复仇而生的。

两年时间里，夫差积极整军备战。同时，他让宫门前的武士一见到他就高声发问："夫差，你忘记越王勾践和你的杀父之仇了吗？"听到此话，他立即带着哭腔高喊："我不敢忘！"

轮到勾践紧张了。越国国力不及吴国，上次取胜纯属侥幸。这一次他决定先发制人，提前出兵。大夫范蠡（lǐ）劝他不要轻举妄动，勾践不听，贸然发兵，被早有准备的吴军打得大败。夫差趁机率军包围了越国国都会（kuài）稽（今浙江绍兴）。

勾践向范蠡道歉，并向他求教下一步对策。范蠡告诉他，为了保全越国，必须以身为奴，去吴国侍奉夫差。勾践何等聪明——他知道，夫差已经报了杀父之仇，而他勾践现在也要走上复仇之路了。

复仇目标四：亡国之仇

勾践派大夫文种带着厚礼向吴王求和，并提出越王随吴王入吴为奴。志得意满的夫差正在享受胜利者的滋味，刚要同意，复仇专业户伍子胥跳了出来，说："上天把越国赐给吴国，不要答应他们的要求！"他敏感地嗅到了越国密谋复仇的气息。

没有完成任务的文种回来复命，没有退路的勾践便想杀妻灭子，然后拼死一战。文种拦住他，并献计道："不能死！仇必须要报！吴国的权臣太宰伯嚭十分贪财，我们想办法去贿赂他，让他来为我们在吴王面前美言。"于是文种再次入吴，带着珠宝、美女贿赂伯嚭。在伯嚭的努力下，夫差同意了越国的要求。伍子胥大叫："今天不灭亡越国，日后必定后悔莫及。勾践、范蠡、文种都不是等闲之辈。如果将来勾践能够返回越国，必将作乱。"他似乎看到了可怕的未来。可惜夫差不以为意。

此后的故事大家都耳熟能详了。勾践君臣在吴国忍辱负重当牛做马，成功骗取了夫差的信任。

优秀的演员诞生了，勾践的"奴隶模仿秀"骗过了吴国上下，三年后他被放回越国。只有伍子胥感到了就死的悲哀："勾践不死,必成吴国的后患!"他甚至趁着出使齐国的机会,将儿子留在齐国。因为他觉得吴国迟早会被越国灭掉。

接受越国贿赂的吴国太宰伯嚭在一旁不断说伍子胥的坏话,于是,吴王夫差赐给伍子胥一柄宝剑,对他说:"你拿它自裁吧!"伍子胥自刎前,对来人说:"我死后,请把我的眼睛挖出来挂在都城东门,我要看着越国人是怎样进入吴国的。"

经过十年休养生息,恢复元气的越国发动复仇战争,连败吴国。四年后,越国再度重创吴军主力。又过了五年,越军攻陷吴都姑苏。

二十多年前的那一幕重现。被越军围困在姑苏山的吴王夫差派人向越王勾践讲和:"希望大王能像当年在会稽山我对您那样赦免我的罪过。"吴王夫差太天真了。面对这没完没了的复仇,越国要彻底终结。

当然,胜利者勾践要的是灭吴,而不是杀王。他决定将夫差流放到海中的甬东(今浙江舟山),给他百户人家。可是夫差的内心远没有勾践强大,无法

接受这牢狱一般的安置。比勾践还年轻的他苦笑一声:"我老了,不能侍奉大王了。"他命人蒙住自己的脸,接着说,"悔不听伍子胥的忠言,我没脸到地下与他见面了。"说完,便挥剑自刎了。

聪明的是范蠡。他清楚自己的定位——不是复仇者,而是复仇的工具。一旦复仇结束,工具就会失去作用。于是他选择了离开。而留下的文种和伍子胥一样,成了复仇行动的殉葬品——勾践同样赐给他一柄宝剑。

脑洞大开

复仇的年代,复仇者的故事各有不同,他们为什么会联盟?他们不过是残酷的政治斗争中身不由己的脆弱个体,被利益牵扯,被时局所控,随波逐流。为了复仇大业,他们有必要结成联盟。

伍子胥、阖闾和夫差三人结成联盟,勾践后发制人,逐个除掉吴国的复仇铁三角,笑到了最后。

伍子胥是个偏执狂,他的人生没有是非之分,复仇就是他的人生目标。

至于阖闾,至多算是个政治投机分子。他偶尔押对了宝,最终还是黯然离场。

夫差则连父亲都不如,他甚至不知道什么叫仇恨。他所说的复仇仅仅停留在宫门武士的喊话上。或者说,如果没有伍子胥在一旁耳提面命,夫差的内心似乎根本就没有燃起过复仇的火焰。

勾践更像是一条蛇。在冻僵的时候,他凭借顽强的毅力死里逃生。当他复苏之后,仇恨便是他所向无敌的动力。

别忘了那几位在复仇过程中充当利器的人士。他们从侧面帮我们解读了仇恨的真实含意,同时也稀释了仇恨的浓度。

《史记·刺客列传》中,专诸不是职业刺客,但是他比专业的荆轲更决绝,敢于直面生死的他最终一剑成名。

文种是个忠臣。为了越王的复仇,他倾其所有,甚至没给自己留一点儿退路。其实,他比伍子胥更可怜。

范蠡比文种超脱,或者说没有他那样实诚。范蠡清楚地知道,帮越王勾践复国是他的使命。至于后面的富贵凶险,都和他无关了。

申包胥是伍子胥复仇行动的阻挡者。只有他看透了仇恨,避免了更大的仇恨和更多人的痛苦。这样看来,他是面临吴军灭国的所有楚国人的保护者,或者说他是楚国的变相复仇者。

两千五百多年前的吴越争霸故事没有好莱坞大片《复仇者联盟》离奇曲折,却比电影更残酷、更深刻。

冤冤相报何时了,冤冤相报仇更仇。仇恨之下,没有最终的赢家。

成语典故

日暮途远:形容天色已晚而行程尚远。也比喻力竭计穷,无可奈何。

倒行逆施:颠倒过来,反着干。原指做事不择手段,反常。现形容做事不符合常理,违背时代的潮流。

瓜分超级大国需要几步

在战场上直接打败一个超级大国绝不是一件容易的事，从内部瓜分一个超级大国却有着无限可能，只不过难度系数相对较高。春秋战国之际晋国的瓦解就向我们展示了一场教科书级别的神操作。

晋国特别

东周五百余年间，诸侯争霸，强者辈出。若是给这些强国列个排行榜，如果晋国排第二，就没有国家敢说自己是第一。晋国是名副其实的大国，不仅因为出现了晋文公这样的霸主，更难得的是，晋国的霸业并非昙花一现、随着霸主的去世戛然而止，而是延续了百余年。晋国很特别，特别到它的政治模式与其他诸侯国

本文内容参考《史记·晋世家》《史记·赵世家》《史记·魏世家》《史记·韩世家》《资治通鉴·周纪一》。

完全不同。

晋国前期的历史基本上就是一部公族之间窝里斗的日志。所谓公族,是指君主的非嫡系后人,晋国的部分公族间曾经发生过三次内乱,严重威胁到朝廷安危。等到晋献公即位,为了杜绝动乱,他干脆对公族大开杀戒。他的宠姬骊姬为让自己的亲生儿子被立为太子费尽心机,导致晋献公的三位公子死的死、逃的逃,公子重耳也在其中。

晋献公死后,晋国大乱。

有道是"一个好汉三个帮",公子重耳流亡列国十九年,他的身边有赵衰、狐偃、贾佗、先轸(zhěn)和魏武子等几位贤臣不离不弃。当重耳回到国内,登上大位,他对公族之害深恶痛绝,不再任命公子、公孙为卿大夫,甚至在他们成年后将其送出晋国,代之以外姓卿大夫填补朝中要职的空白,赏赐他们土地,赐予他们爵位。外姓卿大夫由此登上晋国的政治舞台。

尽管朝廷上有权力之争,但是晋国仍是当时名副其实的强国。晋献公时就对军队进行了扩编,建成上、下二军。

六个大佬

公元前633年,晋文公在被(pī)庐之地以田猎之名进行军事演习,正式确立三军六卿制度,即晋国军队分为中军、上军和下军三军,每军设将、佐各一名,按长逝次补原则,轮流接替执政。看一下当时的将佐名单:中军将郤縠(gǔ)、中军佐郤臻;上军将狐偃、上军佐狐毛;下军将栾枝、下军佐先轸,全都是晋文公的铁杆粉丝兼外臣。次年爆发城濮之战,晋军大胜——看来三军六卿制度行之有效。

公元前629年,晋文公在清原进行军事演习时,再扩二军(新上军、新下军),任命赵衰为新上军将,箕郑为新上军佐;胥婴为新下军将,先都为新下军佐。晋国军队的领导核心变成五军十卿。

随着晋文公和一干老臣的相继去世,晋国军队的高级将领面临"大换血"。晋襄公在夷地举行军事演习,裁撤新上军和新下军,恢复三军六卿建制。此后,晋军高层增增减减,出现过六军十二卿、四军八卿,但主流建制还是三军六卿。

军中六卿位高权重,在制度创设之初,晋文公为了防止将佐大权独揽,在朝中另行安排执政大臣,实现了政权与军权交织,便于国君有效控制。但是到了晋襄公时,权臣赵盾身兼中军将、执政大夫二职,独揽军政大权。赵盾之后,接替他的郤缺也是身兼中军将和执政大夫二职。很显然,自赵盾起,晋国实际已经落入权臣政治的怪圈。

我们如果查阅自公元前633年三军六卿制度建立,到公元前453年晋阳之战结束这一百八十年间晋国六卿的名册,会发现:象征权力核心的六卿一直在赵氏、智氏、韩氏、魏氏、范氏、栾氏、先氏、中行(háng)氏、郤氏、胥氏和狐氏等世族之间传来传去,那些大权独揽的正卿都是世族中人。而历任的七十二位各军将佐中,除三人外,其余的人同样都是这些世族的成员。

十一进四

强人政治根本容不下这么多家族在台上轮流坐庄,权力洗牌已经悄然开始。

晋国第一任上军将狐偃是晋文公的舅舅,他的儿子狐射姑当年也跟随表哥重耳一路流亡,后来被封到贾地,所以他又被称为贾季(狐射姑,字季)。狐偃去世后,狐射姑被任命为中军佐。他素来与中军将赵盾不和,晋襄公去世后,二人在继承人选择问题上出现严重分歧,一番较量过后,狐射姑落败,逃离晋国。狐氏率先从这场权力的游戏中出局。

先轸也是辅佐晋文公的五贤之一,著名的城濮之战便是他的得意之战。他的子孙先且居、先克都是晋国名将,但是曾孙先縠是个刚愎自用的家伙。晋楚邲(bì)之战时,身为中军佐的先縠与上司中军将荀林父意见不合,擅自率所部出兵,荀林父无奈只得率全军跟进,导致晋军大败。先縠害怕国君秋后算账,逃至翟国,与翟国密谋偷袭晋国,被时任国君的晋景公查觉,先家被族诛。先氏出局。

郤氏是晋国老牌公族。晋景公、晋厉公时,郤锜、郤至、郤犨(chōu)(此三人被称作"三郤")相继进入四军八卿行列,号称

"其富半公室,其家半三军"。郤家的高调引起晋厉公不满。这时,晋厉公一个宠姬的哥哥胥童进入了他的视野。胥童的曾祖胥臣也是随晋文公流亡的老臣,最高曾做到上军佐。晋成公时,"三郤"的祖父郤缺以患精神病为由罢免了胥童父亲胥克的官职,郤、胥两家因此结仇。胥童协助晋厉公攻打"三郤",郤氏被灭族。郤氏出局。

胥童是有野心的,顺势劫持了六卿之一的栾书和中行偃,请求将其诛杀。一天之内连灭三卿,晋厉公不忍心再杀人了,便放了栾书和中行偃,还一个劲儿地好言安慰。磕头谢恩的栾书和中行偃已如惊弓之鸟,决定先下手为强,趁晋厉公出游之时,带兵囚禁了他,同时杀死胥童。胥氏刚刚返场便被清扫出局了。

六天后,晋厉公被杀,公子周继位,是为晋悼公。

二十年后,栾家出了一桩丑事。栾书的儿媳与人私通,想要侵吞家产。他的孙子栾盈(因为避汉惠帝刘盈的名讳,《史记》中称他为栾逞)非常不满,竟然被其母栾祁诬陷意图谋反。无奈之下,栾盈逃往齐国。之后栾盈在齐国的帮助下在曲沃反晋,兵败被杀。栾氏出局。

公元前497年,邯郸大夫赵午因为没有执行赵鞅(赵简子)的命令被杀。他的舅舅中行寅联合自己的亲家范吉射(yè)攻打赵鞅,围困晋阳。晋定公闻讯,向晋阳发兵调停。领兵的荀栎、韩不信、魏侈三人与范吉射、中行寅有仇,便直接攻打范氏和中行氏,两家还击,这下他们成了反叛晋定公。于是,晋定公命智氏率领韩氏、魏氏协助赵氏攻打范氏和中行氏。这场内战打了八年之久,最终范吉射和中行寅被击败,逃往齐国。范氏、中行氏双双出局。

权力场从来都是这样残酷,十一家权臣经过数十年的乱斗,场上还剩下智氏、赵氏、韩氏和魏氏四卿。

三打一

晋国六卿之争这一段向来让读者头晕,如同后世的军阀混战,你方唱罢我登场,城头变幻大王旗。纷纷扰扰之际,我们已经忘记了历代国君。没办法,晋文公当初选择的六卿制度,一方面清除了公族专权的隐患,另一方面又埋下了权臣联手架空国君的祸根。晋文公、晋襄公这样的强势君主在位时,能够靠威势震慑六卿,把控局面。可是再往后呢?六卿势力树大根深,完全按照自己的意志支配晋国的前进方向,而国君不过成了一个没有话语权的权力象征。

智氏和中行氏都源自荀氏。智氏的"明星人物"智瑶执政二十多年,被人尊称为智伯。赶跑了范氏和中行氏,智伯便拉着韩、赵、魏三家瓜分了范氏和中行氏的领地。

人一得意,就会忘形。智伯也一样。瓜分了范氏和中行氏的土地后,他还不过瘾,又来找韩、魏、赵三家要土地。韩、魏两家实力相对弱一些,于是乖乖奉上了土地,由着智伯的性子任他胡来,等厉害角色出来收拾他。

果然,赵氏说"不"了。

智伯就带着韩、魏两家去攻打赵氏所在的晋阳(今山西太原)。围城一年后,三家军队引汾水灌城,晋阳城内水漫金山,百姓只能把锅挂起来生火做饭,城墙上方也仅剩六尺没有浸水。又过了一段时间,城中开始出现粮荒,百姓甚至易子而食,晋阳随时可能被攻破。

谁都没想到,智伯的一句话让局势出现了逆转。

那天,魏桓子驾车,韩康子陪同智伯到晋阳城外巡视水势。看着滔滔河水中摇摇欲坠的城楼,智伯感慨道:"我今天才知道,水可以让人亡国。"志得意满的他完全没有在意身旁的两个人。

魏桓子用胳膊碰了一下韩康子,韩康子则踩了一下魏桓子的脚表示回应。二人心领神会:魏氏都城安邑(今山西夏县北)附近有汾水,韩氏都城平阳(今山西临汾)附近有绛水。也许将来智伯会用同样的方法来对付他们!为了自身安全,他们必须改变立场,除掉这个嚣张的智伯。而此时城里的赵襄子秘密派人来向他们求助,于是三家约定了里应外合的日期。

一天夜间,晋阳城内闪出一支人马,突袭智氏的守堤军队,掘开堤坝,淹城的大水反灌智氏军营。智伯慌忙命人防水,军中一片混乱。这时,城门大开,赵襄子率军杀出,而两翼的韩氏、魏氏友军同样向智氏发起攻击,三军夹击,智氏军队大败,智伯被杀,智氏被族诛。智氏被韩、赵、魏三家联合踢出局了。

三家分晋

韩、赵、魏三家结成攻守同盟，共同主宰晋国政局。同时，他们继续瓜分晋国的土地，只留下绛和曲沃两地给晋幽公。朝会之时，都是晋幽公起身向韩、赵、魏三家卿相行礼。所有人都明白，晋国这是要变天了。

公元前403年，周威烈王赐封晋国大夫魏斯、赵籍和韩虔为诸侯。连周天子都下了"委任状"，承认魏国、赵国和韩国为诸侯国，昔日的超级大国晋国已经名存实亡了。

一千四百多年后，北宋历史学家司马光在主持史学巨作《资治通鉴》的编写工作时，将全书的起点就定在了周天子承认三家为诸侯的公元前403年，"三家分晋"也被史学界看作是春秋时代和战国时代的分野事件。

当晋国这个政治"巨无霸"轰然倒下之时，东边的齐国政坛也同样发生了地震。公元前391年，权臣田和废掉齐康公。公元前386年，周安王册命田和为齐侯。

旧的格局被打破，新的政治秩序正在建立，一个全新的时代开始了。

脑洞大开

电视小品里有个经典笑话。

问：把大象装进冰箱，需要几步？

答：三步。打开冰箱，把大象塞进去，关上冰箱门。

问题很无厘头，回答却是四两拨千斤。

那么，瓜分超级大国需要分几步？同样是三步：掌握大权，架空君主，党同伐异。

晋国很强大，称霸春秋三百年；晋国很脆弱，一帮公卿大族在朝堂上"排座次，分果果"；晋国很悲惨，百年霸业瞬间成空；晋国不一般，一分为三还能跻身战国七雄。一部晋国政治的兴衰史就是春秋时期诸侯政治的晴雨表。说到底，制度重要，人也很关键。三军六卿制度是一柄双刃剑。没有好的掌舵人，好制度也会变成要命的桎梏。

极简版秦帝国前传

笔者曾经看过一个字谜,问:"半部《春秋》,打一字。"谜底不算难:春字的上半部加上秋字的左半部构成了"秦"字。但是,"半部《春秋》总是秦"却耐人寻味。翻阅春秋这段历史——不,是翻阅从西周到东周这八百余年的历史,我们常常会发现嬴秦氏的身影从未缺席,无论是最初的周王室的跟班,抑或后来小有名气的西部小国,还是之后傲视天下的虎狼之国,嬴秦氏才是两千多年前那段超长历史里从开始一直笑到最后的"不死鸟"。

打开嬴秦氏的家谱,梳理他们家的祖先脉络,我们可以见证一个不起眼的草根家族如何从边陲部落慢慢崛起,终成天下之主的雄霸之路。

本文内容参考《史记·秦本纪》。

打出来的地盘

西周封邦建国之初,受封的诸侯中周天子的姬姓亲戚占大头,其次是开国功臣和先代贵族,还有一小部分是异姓诸侯。而这时的秦国人的祖先跟周天子几乎扯不上关系。秦国人的祖先是商朝的贵族,在周朝初年因为涉及商朝后裔武庚的叛乱,所以被勒令西迁,替周天子去抵挡少数民族西戎人的骚扰。

在这段漫长的与狼(西戎)共舞的日子里,秦国人的祖先被磨炼成了尚武坚毅的勇士,同时他们娴熟的养马技术也得到周穆王的青睐。周穆王西游时,嬴秦氏的一位祖先造父负责驾车。获悉国内发生叛乱,造父驾车日行千里,星夜兼路赶回国内,帮助周天子平叛。周穆王将赵城(今山西洪洞)封给了造父,造父的族人从此姓赵,春秋时晋国大夫赵衰就是这一支的后代。

大约是周孝王时,他们的首领非子受到天子赏识,获得秦地的封邑,并接管嬴氏祭祀,人称秦嬴。周宣王时,秦嬴的曾孙秦仲死于西戎之手,秦仲的长子赵其即位,即秦庄公。秦仲的五个儿子奉周宣王旨意率七千兵卒大破西戎。周宣王于是任命秦庄公为西陲大夫,看守周朝的西大门。

公元前771年,西戎大军攻破镐京,周幽王被杀,西周灭亡。次年,秦襄公派兵护送周平王迁都洛邑,得到新天子的赏识,秦襄公这才正式被封诸侯,其地盘还是在岐山以西。

说到底,周平王还是觉得秦国是二等诸侯国,只能去干戍边的事。而周平王的一句话更使秦嬴的子孙血脉贲张："西戎不讲道义,侵夺我岐山、丰水的土地。秦国如果能赶走西戎,西戎的土地就归秦国。"

自秦襄公起至秦穆公,十代诸侯百年创业,不仅抵挡住了西戎对中原的进攻,还硬生生从西戎人手里灭掉了十二个小国,抢来国土千余里,从而奠定了秦国跻身春秋四大国(齐、晋、楚、秦)的雄厚基础。

笔者查阅了多本史籍文献,秦国先世有记载的始于秦非子,历秦侯、秦公伯、秦仲、秦庄公、秦襄公、秦文公……一直到秦始皇嬴政,大约传了三十六代。

太后的力量

到了公元前361年,有为之君秦孝公即位,迁都咸阳,任用商鞅施行变法,秦国再度飞跃。同时期各国都在进行变法,但凡变法就要触动贵族集团的既得利益,所以变法往往都是暂时行为,随着倡导变法的国君的去世就会全面叫停。魏国、楚国……都是如此。秦国的变法在秦孝公身后继续推进,这让秦国驶上了大国崛起的快车道。

此时的周王室早已名存实亡,强悍的诸侯国根本不拿周天子当天子了。

公元前334年,齐威王与魏惠王在徐州(今山东滕州东南)会盟,互尊为王,史称"徐州相王"。曾经的天下共主周天子"身价暴跌",诸侯都不再称公称侯,全部升格称王了。公元前325年,秦惠文君嬴驷也改称王。

这位秦惠文王迎娶了楚国公主。这是买一送八的"买卖",八位美女随公主出嫁。其中有一位后来成了秦惠文王的宠姬,位列后宫妃嫔当中的第五级——八子(八子前面依次是良人、美人、夫人和王后)。这位美女的名字史书上没有记载,因为姓芈,所以人称芈八子。而电视剧编剧给她起的名字"芈月"不伦不类,不足为信。史学家们习惯称她秦宣太后。

秦惠文王在位二十余年,北伐义渠,西平巴蜀,东出函谷,南下商於,为后来的秦统一奠定了坚实基础。

他死之后,儿子嬴荡继位,即秦武王。

事实上,秦武王确实有点儿不务正业。放着好端端的秦王不做,自恃有把子力气,跑去跟勇士孟贲(bēn)、乌获比举大鼎。一着不慎,鼎砸右脚,造成胫骨断裂,秦武王当晚失血过多身亡。

尽管这个年轻人在"兴趣爱好"上有点儿不靠谱,但是他在位的四年中,政治上,秦国与魏国结盟,联越制楚;军事上,攻拔宜阳,设置三川,平定蜀乱,战功赫赫。他父亲秦惠文王当年设了相邦之位,嬴荡又替相邦设了左右两个副手,即丞相。

之后接班的是秦武王同父异母的兄弟嬴则(也叫嬴稷)——他便是芈八子为秦惠文王生下的三个儿子中的老大,史称秦昭襄王。幼主即位,宣太后芈八子便代理国政,开了太后垂帘听政的先河。

秦昭襄王在位五十六年,有四十二年都是母亲宣太后在幕后指挥。都说"一个成功的男人背后,总有一个了不起的女人",嬴则的故事告诉我们,这个女人不一定是他老婆,也许是他母亲。

这半个多世纪正是秦国崛起之时。秦昭襄王采取远交近攻的政策,几乎连年对外用兵,打得其他六国没有还手之力。特别是公元前262年的长平之战,将赵国打得元气大伤,再无振作的可能。公元前256年,秦灭东周,取九鼎……

帝国梦，一瞬间

说来也怪，秦昭襄王在位长达五十六年，在中国历代君王（包括诸侯、国王）有据可考的享国时间中仅次于清朝康熙的六十一年和乾隆的六十年。或许是因为他在位太久，把儿孙的任期都透支了，他的儿子安国君嬴柱服丧期满，正式即位后仅三天，其人生便结束了，史称秦孝文王。

关于秦孝文王的国君工作简历，因为在位时间太短，所以实在没有什么可记录的。

秦昭襄王的孙子异人是个苦命人。虽然贵为王子，却一直在赵国当人质。

他被投机商人吕不韦看中，认为奇货可居，运作了一单史上最大的政治生意。异人千辛万苦巴结上父亲的宠妃华阳夫人，改名子楚的他得以回国做了太子。

只是子楚任国君的时间很短，即位后只做了三年秦王就辞世了，史称秦庄襄王。

子楚之子，也就是芈八子孙子的孙子（玄孙），十三岁的嬴政即位。

此时的秦国统一大业已是万事俱备，只待雄主。

西汉文学家贾谊在名篇《过秦论》中写道："及至始皇，奋六世之余烈，振长策而御宇内，吞二周而亡诸侯，履至尊而制六合，执敲扑而鞭笞天下，威振四海。"翻译过来就是，到了始皇帝的时候,继承了先辈六世秦王遗留下来的功业,举起长鞭驾驭各国,用武力吞并西周、东周,灭亡各诸侯国,一统华夏,登上皇帝的宝座,君临天下,用严酷的刑罚来奴役百姓,声威震慑四海。这当中提到的"奋六世之余烈",便是指秦孝公、秦惠文王、秦武王、秦昭襄王、秦孝文王及秦庄襄王这六代君王一百多年坚持不懈的励精图治,为秦国灭六国打下了最坚实的基础。

即位十五年后,秦王嬴政开始发动统一之战。

公元前221年,秦国依次灭掉韩、赵、魏、楚、燕、齐等六国,嬴政改称始皇帝,秦帝国实至名归。

公元前210年,嬴政病逝。

公元前206年,秦灭。

应了《左传·庄公十一年》当中的那句名言:"其兴也勃焉,其亡也忽焉。"是啊,秦国的兴盛很迅速,势不可当,而秦朝的灭亡同样太快,突如其来。

七代君王戮力同心,兢兢业业实现帝国梦。

贾谊总结道:"一夫作难而七庙隳(huī),身死人手,为天下笑。"他的意思是,普通人陈涉在大泽乡振臂一呼发动起义,秦朝的宗庙社稷就被摧毁了,皇子皇孙都死在造反者的刀下,被天下人耻笑。貌似强大无比的秦帝国瞬间土崩瓦解。

帝国梦,终究只是一场梦。

脑洞大开

在诸侯争霸的赛场上,秦国的资质并不好,甚至可以说很差。在发令枪响的那一刻,没有人把西陲小国秦国放在眼里。那些诸侯大国的国君在第一方阵大打出手,有的出局,有的领先,有的被黑,有的偷笑……秦国在第二方阵里"哼哧、哼哧"连吁带喘不停追赶着,就像龟兔赛跑里的那只小乌龟,从不停步,一路向前。

因为一穷二白,秦国可以轻松地平地造屋,从头再来;因为起点很低,秦国的每一点进步都相当可观;因为基础薄弱,秦国敢于尝试任何改革;因为地广人稀,秦国对于有一技之长的人才来者不拒,照单全收……正是这些看似寻常的"因为",让秦国在春秋末期成功实现弯道超车,跻身第一方阵。

秦国较其他诸侯国成功的地方在于,历代君主不论贤愚,都从未动摇初心。即便秦惠文王对变法能臣商鞅恨之入骨,将其五马分尸,也没有废除商鞅的改革成果。

面对诸子学说,秦国选择了最实用、最快捷的法家,跑赢了六国。可是当嬴政带着列祖列宗的希望冲过终点线后,他并没有放缓脚步,仍然在"六王毕,四海一"的新时代高歌猛进。太过严苛的统治,最终导致秦朝灭亡。

合纵连横：两千多年前的外交奇谋

春秋战国时期，诸侯混战，尽管打得不可开交，但并不是群殴似的乱斗，而是有迹可循的政治斗争的延续。春秋时期，天下最主要的矛盾是晋、楚两个大国的霸主之争。以晋、楚两国为首的南、北两大阵营你争我斗，基本贯穿春秋时期。到了战国时期，经过兼并，诸侯国越来越少，主要矛盾已经由南北之争变成东西对抗——一家独大的秦国与关东（函谷关以东）六国之间的对峙。

为了对付强秦（偶尔也有齐、楚），几个弱国联合起来抱团自救，从地图上看就是纵向几个国家联合，故名"合纵"；而秦国为了打破合纵，拉拢当中的一些国家，联手制衡第三国，从地图上看仿佛是从秦国伸出多条手臂横向联系，故名"连横"。合纵连横是战国时期极其精彩的国际外交、军事策略，展现了两千多年前苏秦、张仪、范雎和公孙衍等一批纵横家超凡的政治智慧。

本文内容参考《史记·魏世家》《史记·苏秦列传》《史记·张仪列传》。

大家一起来称王

合纵也好,连横也罢,前提条件是天下格局发生了巨大变化。周王室日渐衰微,各诸侯国开始践行弱肉强食的丛林法则,每天都有小国被比自己更强的国家吞并,一轮一轮的对抗之后,剩下的国家数量基本接近个位数了。强者恒强,为数不多的中等国家要想生存并发展,只能寻求结盟。这时,有了一个契机。

战国前期横冲直撞的魏国屡屡被齐国和秦国打败,霸主的地位不保。无奈之下,魏国国君选择退一步,向齐国示好。具体做法是,魏国国君拉着韩国等几个小国的君主前往徐州与齐国国君会盟,尊他为王。魏国国君这一招确实够大胆。此前,天下只有一个王——周天子,敢僭(jiàn)越称王的只有楚、吴、越三个南方国家。如今魏国尊齐国国君为王,不仅提升了齐国的地位,而且终结了春秋以来大国争霸以"尊王"为标志的模式——有实力的诸侯可以跟周天子平起平坐了。

齐国国君求之不得,但是他也知道称王的风险,于是也承认魏国国君的王号,他俩后来一个被称为齐威王,一个被称为魏惠王。这便是历史上著名的"徐州相王"。公元前325年,秦惠文王也自立为王了。魏惠王便让韩宣惠王也称王。既然称王成了趋势,各国诸侯便都来赶这个风潮。于是,魏国联络韩、赵、燕、中山等四国结成联盟,互相承认对方的王号。历史上称这一事件为"五国相王"。五国相王不单单是小国之间的共同升级,还是魏国发起的合纵联盟,意在对抗秦、齐、楚等大国的威胁。

苏秦的纵约计划

合纵连横战略的实施,主要仰仗那些能说会道的纵横家。

东周洛阳(今河南洛阳)乘轩里人苏秦早年跟随鬼谷子学的就是纵横术。学成之后,他首先到周显王那里自荐,可是并没有得到认可。于是他西入秦国,面见秦惠文王陈说兼并天下的帝业。可惜秦国刚刚处死商鞅,对游说之人非常反感,秦惠文王也觉得秦国的实力还有待增强,谈兼并天下为时过早。所以,苏秦又吃了一回闭门羹。

第三站,苏秦到了赵国,掌权的国相奉阳君不喜欢苏秦。

苏秦又北上燕国,等了一年多才见到燕文侯。他直言燕国的战略错误,不应担心远方的秦国,而是要与邻国赵国实现合纵,结成攻守同盟。燕文侯赞同苏秦的主张,派他前往赵国游说。

此时,赵国的奉阳君已死,苏秦直接劝谏赵肃侯,提出了六国联合共同抵抗秦国的主张。赵肃侯采纳了苏秦的建议,给出车马金银,让苏秦游说各国加入联盟。

踌躇满志的苏秦担心在联盟形成前秦国会出兵攻打各国,破坏合纵计划,所以考虑安排一个人前往秦国,维护联盟。关于这个人选,他想到了同学张仪。

张仪是魏国人，求学期间，苏秦自认能力不如张仪。这次苏秦让人找到还在四处"推销"自己的张仪，引导他来找自己。张仪当然高兴，立即前往赵国去找老同学。不想等了几天才见到苏秦，对方对自己颐指气使，还当众羞辱。满心欢喜的张仪被一盆冷水浇了个透心凉，一怒奔向秦国。

苏秦随即派人暗中跟随，资助张仪顺利见到秦惠文王，不久张仪被封为客卿。这时，苏秦的手下才跟张仪挑明身份，说明苏秦当初故意激怒老同学，是想让他有更好的发展。张仪大为感动，当即保证：只要苏秦当权，我就决不让秦军攻打赵国。

这边，苏秦顺利游说六国，使燕、赵、韩、魏、楚、齐等六国达成合纵联盟，苏秦被诸侯们一致推为纵约长，并兼任六国国相。此后的十余年间，秦国与六国相安无事。直至秦国的公孙衍诱使齐、魏两国攻打赵国，赵王迁怒苏秦，苏秦不得不离开赵国，前往燕国，合纵才宣告瓦解。

张仪的忽悠

苏秦游说六国之时，张仪在秦国同样春风得意，做到了国相。之后，为了秦国的利益，张仪前往魏国为相，打算让魏国臣服于秦国，从而引导其他诸侯国效仿，但是魏王并不接受他的建议。秦国于是接连出兵大破魏军，占领魏国的土地。在秦国凌厉的攻势下,魏襄王同意了张仪的建议,退出合纵联盟,请张仪帮助与秦国和解。张仪回到秦国,再任秦相。此后,魏国有过一次反悔,最终还是臣服于秦国。

公元前313年,张仪前往楚国,以秦国商於六百里土地为回报,顺利游说楚怀王与齐国断交。楚怀王派人跟着张仪回秦国接收土地,张仪假装下车不慎摔伤,在家休养了三个月。在此期间,楚国不断挑衅齐国,致使齐国怒与秦国建交。这时,张仪方才"病愈",通知楚国使臣接收六里土地。楚国使臣这才发觉上当。楚怀王闻讯怒而发兵攻打秦国,却招致齐、秦两国抵抗,损兵八万,连失大片领土。

楚国向秦国求和,秦国要挟说要以武关之外的土地换取楚国

黔中一带土地。楚怀王回复："只要得到张仪,我愿意献出黔中之地。"成竹在胸的张仪于是出使楚国,被囚禁起来。张仪早已买通楚国大夫靳(jìn)尚、楚怀王夫人郑袖。傻傻的楚怀王于是释放了张仪,重又厚待他。

当年苏秦游说六国结成合纵同盟,如今张仪反向忽悠楚国、韩国、齐国、赵国、燕国,彻底拆散了合纵联盟。

合纵行动实录

公元前318年,魏国国相公孙衍组织魏、赵、韩、燕、楚等五国联合出兵,攻打秦国。搞笑的是,楚、燕两国并不积极,所谓五国联军实际只有魏、赵、韩三国出兵。联军气势汹汹地杀至函谷关,秦国开关迎敌,联军竟然不堪一击。损失最大的魏国首先与秦国讲和,于是,联军撤兵。秦国引军追击赵军,而齐国竟然落井下石,偷袭赵国,致使赵国腹背受敌,损兵八万。五国伐秦之战以五国的失败告终。

公元前298年,秦国攻打楚国,斩数万楚军,占城邑十余座。因为担心秦国扩张的速度过快,齐、韩、魏、赵、宋、中山等国再次结盟,联合攻打秦国,迫使秦国退还韩国武遂之地、魏国封陵之地。这次行动成为合纵联盟一次难得的成功案例。

公元前294年,秦国在伊阙之战中歼灭韩魏联军二十四万,诸侯们震惊。齐、燕、赵、韩、魏等五国再组联军攻打秦国。秦国主动退还侵占的魏国和赵国的土地,魏国和赵国退兵,联军随即瓦解。在此期间,齐国吞并宋国,引发各国不满。苏秦趁机游说各国由合纵攻打秦国变成合纵对付齐国,燕、魏、韩、赵、楚等五国联手征伐齐国。联军在乐毅的率领下一举攻下齐国七十城,齐国几近灭国。后来田单复国,但是齐国国力大损,不复从前。此次合纵比较意外,攻打秦国无果,征伐齐国却胜利了。

秦军在战场上节节胜利,使得诸侯们压力陡增。公元前247年,魏、赵、韩、楚、燕等五国再次组成联军,由魏国信陵君公子无忌率领攻打秦国。联军在黄河以南大败秦军,乘胜追至函谷关后,因为信陵君被撤换,所以各自撤军。本次攻打秦国虽然取胜,但并未重创秦国。

第四次合纵结束的次年,秦王嬴政即位。秦国对六国开始了更为猛烈的进攻,切断了各国的联系。为了打破这种局面,楚国春申君挑头于公元前241年组成楚、赵、魏、韩等国联军,由赵国老将庞煖("煖"同"暖")率领,收复了赵国被秦国占领的寿陵邑。此后联军避开函谷关,绕道蒲阪,抵达蕞(zuì)(今陕西临潼北)。秦军有意偷袭实力最强的楚军,春申君侦得情报后自知不敌,便率楚军撤离。此举严重动摇军心,其他几国也随后撤军。此后,各国再无合纵的可能。十年后,秦国发动统一之战。再十年后,六国尽灭,天下归秦。

脑洞大开

　　合纵连横的故事贯穿整个战国时期，《史记》当中的记载庞杂细碎，同一事件在不同篇章里的表述都有不同，所以整理起来格外费劲。笔者尽可能筛选公认的、有代表性的案例加以展示。

　　合纵连横体现了战国时期各国处理国际关系的诸多智慧。相比之下，合纵的行动更多，但是多以失败告终。究其根源，参与合纵的各国之间存在严重的信任危机，各自打着自家的小算盘，关键时刻不能团结一心，随即被秦国逐一分化瓦解。而在连横的过程中，秦国善于发掘自身潜能，不断强大自我，成为最后的赢家。

　　此外还有一个值得注意的重要内容。《史记》中说张仪和苏秦同是鬼谷子的学生。而仔细查阅史料，我们发现，张仪的主要活动时间约比苏秦早二十年。所以，苏秦、张仪二人并非同时代的人，更不是同窗好友。张仪当时的主要对手不是苏秦，而是公孙衍。所以我们在阅读这段历史的时候，应该更注重事件本身，对一些同框的人物关系要注意甄别。

成语典故

合纵连横：指战国时期纵横家所宣扬并推行的外交和军事政策。战国时期，苏秦游说六国诸侯联合抗秦，六国分处南北，南北为纵，故称"合纵"。张仪游说六国联合事秦，秦在西边，六国在东边，东西为横，故称"连横"。

荆轲刺秦王：不可能完成的任务

作为史上最著名的刺杀事件，荆轲刺秦王被无数后人反复提及。但其实这是一次不可能完成的任务。如果把它看作一部历史剧，那么从导演到主角，再到配角，每个人都很蹩脚。

"导演"太子丹的秘密

虽然贵为太子，但是燕国太子丹的童年实在太悲惨：打小就被送到赵国当质子，在赵国他还认识了同为质子的秦国公子嬴政。嬴政十三岁那年回到咸阳，成为秦王，而太子丹还在赵国继续担惊受怕地当质子。

十五年后，太子丹又被派到秦国当质子。当年同为质子的小伙伴已是傲视六国的秦王，自己却成了小伙伴与父王政治博弈的棋

本文内容参考《史记·刺客列传》。

子,太子丹的心情可想而知。并且,嬴政这个昔日的小伙伴对太子丹并不友好,于是太子丹找机会逃回了燕国。

此时秦国已经开始了统一六国的战争,秦军频繁攻打韩、赵、魏等国,不断蚕食各国领土,弱小的燕国眼看就要大祸临头。太子丹向他的老师鞠武问计,鞠武提出联络各国及匈奴,共同对抗秦国的计策。太子丹嫌此计运作时间太长,当场否决。鞠武无奈,向他推荐了名士田光。

面对太子丹急切的目光,田光坦言自己年事已高,无能为力,他又推荐了好友荆轲。眼见自己的机密计划牵连了越来越多的外人,太子丹告诫田光:"我同先生说的都是国家大事,希望您不要外泄。"

田光面见荆轲,讲述了事情的原委,请他入宫拜访太子丹。在荆轲答应之后,田光在自刎前说:"请您告诉太子,田光已死,不会泄露机密。"

抵抗秦国的计划还未出炉,已经搭上了名士田光的性命。

"主角"荆轲的清单

荆轲原是卫国人,既爱读书,也爱击剑,是个文武双全的人才。从卫国经赵国辗转来到燕国,荆轲与擅长击筑的名士高渐离等人成为好友。他们经常在街市上喝酒,饮至酣处,高渐离击筑,荆轲和着节拍唱歌,旁若无人地一起大哭大笑。尽管混迹酒市,但是荆轲深沉的气质还是引起了田光的注意。

听荆轲说田光已死,太子丹感到十分懊悔,他跪倒在地,向荆轲说出了自己的计策:"派一名勇士前往秦国,以重利为诱惑接近秦王。如果能够劫持秦王,让他归还侵占的各国土地,那是最好的结果;如果不能劫持,便杀死他。这样秦国必然大乱,东方各国可以联合起来击败秦国。"至于执行这个任务的人选,太子丹表示一直没找到,希望荆轲能考虑。

过了好一会儿,荆轲回复:"这是国家大事,我才能低劣,恐怕不能胜任。"太子丹再次上前以头叩地,坚决请求他不要推托。荆轲只得答应。

接下来,荆轲的待遇变了:被尊为上卿,住进上等宾馆;太子丹每日前往拜望,送上美味丰盛的饮食,还有奇珍异宝,香车美女。

就在荆轲享受锦衣玉食之际,秦军已经攻破邯郸,俘虏了赵王,鲸吞赵国。秦军兵锋直指燕国南部边界。眼见荆轲毫无动静,太子丹急了:"秦军即将横渡易水(在今河北易县境内),那时即便我想长久地侍奉您,也做不到了!"

荆轲缓缓说道:"太子就是不说,我也要向您请求行动了。"太子丹正要高兴,荆轲又说,"现在去秦国,但是没有让秦王相信我的东西,我如何接近他?"太子丹问他需要什么东西,荆轲给出清单:秦国叛将樊於期的人头和燕国督亢(今河北涿州东南)地区的地图。太子丹连忙摆手道:"樊於期将军从秦国投奔我,我不忍心为自己的私利而伤害他。请考虑别的方案。"

荆轲没有强求,而是私下找了樊於期,说:"秦王杀了将军全族,还悬赏千金、封邑万户来求您的人头,您打算怎么办?"樊於期仰望苍天,叹息流泪道:"每每想到这些,我就痛入骨髓,却无计可施。"荆轲说:"我有一计,可消除燕国祸患,同时可报将军的深仇大恨。"随即,他说出了太子丹的计策。

樊於期走近荆轲,说:"这是我日夜切齿碎心的仇恨,今天才听到您的教诲!"樊於期说完,拔剑自刎。

太子丹闻讯驾车赶到,趴在尸体上痛哭不已。事已至此,他只能将樊於期的人头装进匣子密封。督亢地图也很快准备好了,太子丹又送上一把淬了毒液的锋利匕首,还推荐了一位勇士秦舞阳给荆轲做助手。

荆轲说,他还要等一个助他行刺的朋友。

"配角"秦舞阳坏事

又过了些日子,荆轲仍旧没有出发。

太子丹怕他反悔,又来催促:"请允许我派秦舞阳先行吧。"

荆轲生气地说:"太子这是什么意思?只顾出发而不能完成使命,那是草率无能之辈!何况是拿着匕首行刺秦王。我之所以没有动身,是因为在等待我的朋友。既然太子认为我在故意拖延时间,那我就此告别。"太子丹的猜疑和荆轲的任性,使得这次行动在没有充分沟通的情况下仓促展开了。

易水畔，身着白衣、头戴白冠的太子丹和宾客们为荆轲饯行。高渐离击筑，荆轲和着节拍唱道："风萧萧兮易水寒，壮士一去兮不复还！"唱罢，荆轲登车离去，没有回头。送行的人被他的歌声感染，一个个怒发冲冠，血脉贲张。他们知道，荆轲真的回不来了。

来到秦国，荆轲用重金贿赂秦王的宠臣蒙嘉，经他美言，获得秦王召见的机会。

当荆轲捧着地图匣子，秦舞阳捧着樊於期的人头走进咸阳宫时，号称十三岁就敢杀人的勇士秦舞阳突然脸色大变，浑身发抖。他的异常举动引起了众人的注意。

荆轲回头朝秦舞阳笑笑，上前谢罪道："北地粗野之人没见过世面，所以才会心惊胆战，请大王宽恕。"秦王嬴政没有在意秦舞阳这个小人物，他关心的是荆轲手中的督亢地图，便示意荆轲送地图上来。荆轲领命，手捧地图走近秦王。他知道，接下来的任务只能靠他一个人完成了。

猫捉老鼠般的行刺

秦王徐徐展开地图卷轴，督亢之地全貌尽收眼底，同时一柄雪亮的匕首也露了出来——所谓"图穷匕见"。

秦王毫无防备，正在迟疑之际，荆轲左手抓住他的衣袖，右手抄起匕首向前直刺。两个人中间隔着宽大的几案，荆轲未能刺中他，而秦王下意识向后抽身，衣袖在巨大的作用力下瞬间被扯断。

离开座位的秦王想要抽出腰间的长剑，无奈剑身太长，无法顺利抽出。于是他握着剑鞘在大殿上绕着梁柱奔跑，荆轲手持匕首跟在后面追赶。

秦国法律规定，大臣上殿不准携带任何武器，而殿外的侍卫没有大王的命令不得进入大殿。于是秦宫内外出现了这样一幕：大殿上，荆轲和秦王如同猫捉老鼠，一群手无寸铁的大臣站在一旁无计可施；大殿外，侍卫同样只能干着急。

情急之下，侍从医官夏无且（jū）抓起手边唯一的"武器"——药包扔向荆轲。这给了秦王喘息的时间。周边侍从也缓过神来，

大叫:"大王把剑推到背后!"秦王猛醒,把剑推到背后,反手抽出长剑。他返身挺长剑与荆轲对决,荆轲被砍中左腿。倒地的他将匕首掷向秦王,可惜没掷中。秦王上前连砍荆轲八剑。

被刺伤的荆轲倚着柱子,像簸箕一样张开双腿,极其轻蔑地骂道:"大功不成,是因为我太想活捉你,挟持你归还各国的土地。"荆轲的意思是,失败的原因在于自己想生擒秦王,而不是想致秦王于死地。但生死之际,容不得他检讨错误,得到命令的秦宫侍卫冲上前来,将他杀了。刚刚经历了生死劫的秦王嬴政呆呆地站在那里发愣,大殿上空似乎还在回响荆轲凄惨的冷笑声。

秦王很生气,后果很严重。秦军大举进攻燕国,很快就占领了燕国都城蓟(jì),燕王和太子丹退守辽东。面对压力,燕王不得不杀了罪魁祸首太子丹,向秦王谢罪。但这并不能叫停秦军的脚步。几年后,燕国成为第五个被秦灭掉的诸侯国。

高渐离刺杀失败

如同电影结尾,荆轲刺秦王这出大戏的彩蛋还未揭开。

秦统一之后,便通缉太子丹和荆轲的好友高渐离。高渐离隐姓埋名逃到宋子这个地方做了一家酒店的酒保。几年无事。一天,高渐离听到主人堂上有客人击筑,许久没有击筑的他便仔细聆听,并作了一番点评。有人听到后就把高渐离会击筑的事告诉了主人。主人感到很新奇，请高渐离上堂击筑，结果技惊四座。于是宋子城里的人争相请高渐离做客击筑。

消息很快传到宫中，秦始皇嬴政召高渐离觐见。朝廷上有人认出了高渐离。秦始皇怜惜他的击筑才能，赦免了他的死罪，命人熏瞎他的眼睛，留他在宫中击筑。

一个乐工击筑技艺绝伦，还是个盲人，秦始皇自然放松了警惕，常常将他带在身边。

这天，高渐离再次进宫击筑，有了接近秦始皇的机会。他循着声音，抡起灌了铅的筑砸向秦始皇，可惜没有击中。刺客高渐离被杀。自此，秦始皇再不敢接近以前六国的人了。

脑洞大开

关于荆轲，《史记》还记载了这样几件事。

当初荆轲凭借剑术去找卫国的君主卫元君自荐，没有得到任用。

在榆次，他与剑客盖聂切磋剑术。听到荆轲讲得不对的地方，盖聂就瞪他。交流结束，荆轲便悄悄离开了榆次。盖聂闻讯说："他怕我。"

在邯郸，荆轲与一个叫鲁句（"句"同"勾"）践的人玩一种赌博游戏时起了争执，鲁句践大声呵斥，荆轲便消无声息地逃走了。此后鲁句践再没见过荆轲。当他听说刺秦之事，私下感慨："太可惜了。荆轲剑术不精，我太了解他了。过去我呵斥他,他便以为我们不是同路人。"

综上我们发现,荆轲的剑术并不高明,他也不是一个有胆识的人物。

再来看刺秦王的任务。荆轲并非主动请缨,而是在田光、太子丹等人用性命和道义施加的多重压力下,不得不接受。

此后,他迟迟不动身,正是犹豫的表现。荆轲说在等待一个朋友来作帮手。此人究竟是否真实存在,我们无从知晓,但这至少说明他不够自信。

面对太子丹的催促,荆轲匆忙上路。此后的行刺过程显示,他并没有一个完整、周全的计划。任务失败自然是在情理之中。

金殿之下助手秦舞阳胆怯,荆轲表现出了镇定的一面,但仅此而已。对于突发事件,他并没有给出预案,所以图穷匕见之时,荆轲只能傻傻地围着柱子追秦王——再次印证了他的剑术平常。

任务失败后,他检讨自己不该想着挟持秦王。这又是托词。匕首显现之际,荆轲左手抓秦王衣袖,右手执有毒的匕首直刺秦王——这可是见血封喉的节奏啊。

太子丹的急躁和荆轲的无序使得整个刺杀行动看上去慷慨悲壮,实则充满了将就、无奈,于是漏洞百出的任务在慌乱中宣告失败,同时搭上了包括荆轲在内的多位壮士的性命。

从根本上说,秦国统一六国是大势所趋。偏狭的太子丹企图通过刺杀秦王来阻止秦军的进攻,实在是太天真了。偏偏他又选择了一个并不称职的刺客荆轲,执行了这样一场让人扼腕叹息的行刺。

> 人们大都忽略了乐工高渐离的行刺。天下大定之际,双目失明的高渐离毅然行刺秦始皇。他那笨拙的一击固然谈不上什么攻击力,却成为秦始皇此后挥之不去的梦魇。不畏强暴,慷慨赴死,也许高渐离的决绝才是古燕赵之风最好的体现。

图穷匕见:比喻事情发展到最后,终于显露出真相。图,地图。穷,尽,终。见,同"现",显露。

微信扫码关注领取
【随身文史博物馆】

嬴政的恐惧

在嬴政的诸多个性标签中,"暴君"是认可度极高的一个。在批评他残暴嗜杀的时候,大家有没有认真思考过他这种暴戾个性形成的原因?翻开《史记·秦始皇本纪》,我们会发现,恐惧是伴随嬴政一生的噩梦,极度缺乏安全感催逼着他小心翼翼,排除了一颗又一颗藏在身边的隐形炸弹,杀出了一条暴君之路。

生父之谜

子楚和吕不韦,嬴政的生父究竟是谁?

这个颇为八卦的问题被炒了两千多年,至今诸多影视剧仍旧乐此不疲。追根溯源,我们发现,太史公司马迁在《史记》里就已经语焉不详了。

本文内容参考《史记·吕不韦列传》《史记·秦始皇本纪》《史记·赵世家》《史记·楚世家》。

《史记·秦始皇本纪》的记载是，秦庄襄王子楚在赵国为质子时，在富商吕不韦家遇到赵姬，对她一见钟情，娶为妻，生下嬴政。这则记录显示，嬴政的生父是子楚。

　　《史记·吕不韦列传》中说，吕不韦与赵姬是同居情人，且知道赵姬怀孕了。这时子楚来做客，看上赵姬，请求吕不韦把赵姬送给自己。尽管不高兴，但是考虑到未来可观的政治投资回报，吕不韦还是答应了。但是赵姬隐瞒了自己怀孕的事，嫁给子楚后生下嬴政。这则记录告诉我们，嬴政的生父是吕不韦。

　　作为严谨的历史学家，司马迁将始皇帝出生的相关说法一并呈现出来，个中真伪，让读者自行判断。当然，我们今天凭借现代医学的相关知识和正常逻辑推理可以知道，吕不韦把怀了孕的赵姬送给子楚的故事纯属编造。但是，当我们把时光倒推回公元前3世纪，不难想象作为当事人的嬴政，他得有多苦恼！

　　九岁时，嬴政才被接回秦国，十三岁时父亲子楚就去世了，父子真正相处的时间极短，即便在这有限的共处时间里，父亲最重要的身份也是秦王，所以他们不可能谈及嬴政的亲生父亲到底是谁这样的敏感话题。

　　而他的母亲赵姬从歌伎变成王后，再升级到太后，这一切都是因为嫁给子楚、生了儿子，她怎么可能质疑这个儿子不是嬴秦氏的后代？

　　至于相国吕不韦，嬴政尊他作"仲父"，却害怕真的跟他扯上什么关系，只能是敬而远之。

　　当十三岁的嬴政登上王位之后，他非常在乎旁人的眼光，更

害怕——不，是厌恶关于他的生父的种种八卦说法。

弟弟的叛乱

嬴政两三岁时，父亲子楚与吕不韦逃回秦国，留下赵姬和嬴政母子在赵国。于是，子楚的生母、秦孝文王的夏夫人为他物色了一位侧室韩夫人，第二年生下一子，名成蟜（jiǎo）。他便是嬴政同父异母的弟弟。

嬴政即位四年后，十三岁的成蟜奉命出使韩国，在秦国强大的军事压力和外交压力下，韩国被迫献出方圆百里的土地。于是，成蟜因功受封长安君。

三年后，成蟜领兵攻打赵国，偏偏在屯留（今山西屯留）前线举兵反叛。不久反叛被平定，参与叛乱的军吏都被斩首，百姓则被迁到临洮（今甘肃临洮）。而成蟜逃到赵国，被封在饶（今河北饶阳）。

关于长安君成蟜，《史记》当中只有这两条看似并不相干的记载。

作为嬴政唯一的弟弟，成蟜为什么要反叛大秦？

有历史学家翻阅众多史料，发现了其中的秘密：成蟜的奶奶夏太后系韩国贵族，他的母亲韩夫人也是夏太后亲自为儿子子楚挑选的韩国女子。这符合战国时期诸侯王室通婚的原则。作为母亲，夏太后当然把韩国的娘家人当作选儿媳的首选。

而子楚之所以能够成为王位继承人,是因为养母华阳夫人的推荐,而华阳夫人来自楚国。

所以,在秦庄襄王子楚执政的三年以及嬴政继位初期,秦国政坛其实有两股显著的外戚势力,一派是以华阳太后为首的楚系外戚,一派是以夏太后为首的韩系外戚。华阳太后没有子嗣,夏太后却有一个比嬴政小三岁的孙子成蟜,她更希望成蟜当秦王。

成蟜获封长安君缘于出使奶奶夏太后的祖国韩国,兵不血刃获得百里土地。这究竟是年仅十三岁的少年的功劳,还是奶奶夏太后等人的暗箱操作,不得不让人怀疑。

又过了三年,夏太后去世。成蟜次年便以伐赵为由,阵前倒戈。显然,韩系外戚没有了主心骨,成蟜很可能是急于夺位,才有了这样的反叛。

当然,这个未满十八岁的长安君不是哥哥的对手,只身逃到赵国,连累了一帮跟着他的军士和百姓。此时,仅比他年长四岁的嬴政心有余悸,他不知道在自己身边,还有多少这样的异己。

不争气的亲妈

在秦王宫的斗争中,我们不应该忽视嬴政的亲妈:先前叫赵姬,现在是赵太后。

关于嬴政生父的问题可以暂时放在一边,但赵太后与吕不韦曾是情人关系,这一点是事实。当丈夫子楚去世后,赵太后来找吕不韦。身居相位的吕不韦不敢造次,便送给太后一个叫嫪毐的年轻男子。吕不韦替自己解决了麻烦,却让太后在后宫整出了一连串事件:嫪毐深得太后恩宠,被封为长信侯,还跟太后生了两个儿子,藏匿在后宫。纸包不住火,更何况是丑闻。秦王嬴政派人秘密调查此事。

嫪毐决定先下手为强。趁嬴政前往旧都雍城蕲年宫行冠礼之时,他私自使用秦王印玺和太后印玺,调动咸阳县的军队、负责宫廷警卫的卫尉军队、骑兵、咸阳附近的少数民族军队和长信侯府门客等,发动大规模叛乱,准备攻打雍城。嬴政得到密报,命相国吕不韦、昌平君和昌文君发兵平叛。双方战于咸阳,嫪毐战败逃走,后被俘。

这是嬴政一生中最大的一次政治危机。嫪毐之所以可以调动如此多的人马,与赵太后的支持密不可分。但是,让自己的秘密情人带兵去攻打自己的儿子,赵太后的行为实在让我们不解。有历史学家研究大量史料后分析,判定赵太后想借嫪毐之手除去华阳夫人这一派楚系外戚势力。可惜,嫪毐太菜,不但任务没完成,反倒兵败身死。同时,他与赵太后的秘事被公开,他们的两个幼子被处死,赵太后也被驱逐出咸阳,迁到雍城。

拔出萝卜带出泥。嫪毐死了,当初他的介绍人相国吕不韦也就难辞其咎。对这个压在自己头上,又说不清关系的仲父,嬴政原本就非常反感。这次正好有了理由,嬴政直接免去吕不韦的相国职位,将他驱逐出京,赶回封地河南(今河南洛阳)。

赵太后虽然不争气,但毕竟是嬴政的亲生母亲。一个叫茅焦的齐国人以维护国家形象为由劝说嬴政原谅赵太后,嬴政便顶着这个冠冕堂皇的理由前往雍城接回母亲。

母亲可以宽恕,但吕不韦这个外人就不行了。一年后,在嬴政的催逼下,吕不韦自杀。

表叔的反叛

平定嫪毐之乱的功臣有三个人——吕不韦、昌平君和昌文君。关于昌平君和昌文君,史书上的记载极少,我们只知道,这二人是楚国公子,在秦国为官,昌平君、昌文君是他们的封号。相比之下,昌平君的资料更详细一些,他是楚考烈王熊元之子,名叫熊启。昌平君的母亲可能是秦昭襄王的女儿,这样算起来,他是秦庄襄王子楚的表弟,也就是嬴政的表叔。所以,昌平君、昌文君也是华阳太后楚系外戚的一员。

吕不韦被罢相之后,昌平君继为相国。

公元前 230 年,秦国发动统一之战,首先灭掉韩国。同年,华阳太后去世。楚系外戚势力削弱。

四年后,韩国原来的国都新郑发生反秦叛乱,秦军镇压平叛。已经被秦国迁到楚国原国都郢陈(今河南淮阳)的韩王安受到牵连,被嬴政下令处死。为了平息郢陈地区动荡的局势,本是楚国贵族的昌平君奉命前往。嬴政这一招儿很厉害,既可以安抚楚地民心,又让昌平君让出了相位,离开了权力中枢。

嬴政的算盘打得很好,却没料到表叔比他还有心机。昌平君来到郢陈后起兵反秦。正在征伐楚国的秦将李信立即回师进攻郢陈,不料被击败。嬴政只得再度起用老将王翦(jiǎn)。王翦率六十万大军卷土重来,一举拿下郢陈,并攻克楚国国都寿春(今安徽寿县),俘虏楚王负刍(chú)。嬴政更是亲临郢陈督战。

战败的昌平君不得不退到淮南地区,被大将项燕(项羽的爷爷)立为楚王。一年后,王翦等人率军再攻楚国,昌平君兵败身亡,项燕自杀。而那个少有记载的昌文君在一年前已经去世。

至此,嬴政身边的隐患才算基本清除。

脑洞六开

自己的生父不详,母亲为老不尊,两个老太后各怀心事,异母的弟弟临阵叛乱,身居高位的表叔在朝廷隐藏十余年后公然反叛……嬴政身边没有一个人可以信赖,每个人对他都充满了威胁。为了自己的生命安全,为了保住自己的王位,嬴政不得不克服恐惧,以暴制暴,心狠手辣、不留情面地清除这些曾经的亲人。

都说性格决定命运,其实一个人性格的最终形成同他早年的生活经历密不可分。虽然贵为王族后裔,但从一出生,嬴政便与明枪暗箭、尔虞我诈相伴,安全感的极度缺失使他变得疑心重、冷血。

笔者无意为嬴政的残暴辩护,只是希望通过对他成为皇帝之前的经历的回顾,剖析他的性格成因。深宫内院、朝堂之上,充斥着你死我活的斗争,一切都是因为权力。身处其中,坐在龙椅上的嬴政别无选择。

焚书的凶手和坑儒的真相

千百年来，一提起秦始皇，就有人提"焚书坑儒"。有的人指责他，有的人替他辩解，作为秦始皇政治生涯中颇具争议的大事件，焚书坑儒究竟是对是错？这一事件的真相究竟是什么？我们该如何看待此事？

首先要弄清的是，焚书和坑儒是两件事。

焚书事件

公元前213年的一天，秦始皇在咸阳宫设宴招待群臣。现场有七十位博士献酒称颂嬴政的威德。仆射（yè）周青臣率先起身，吹捧秦朝现在郡县制的功业古今无人能及，引得秦始皇非常高兴。这时，来自齐国的博士淳于越也走上前说："我听说殷商和周朝统治天下有千年之久，分封子弟和功臣作为膀臂辅翼。现在

本文内容参考《史记·秦始皇本纪》《史记·项羽本纪》《史记·儒林列传》。

陛下虽然一统天下，子弟却仍是平民，一旦出现齐国的田常、晋国的六卿这样夺权篡位的祸患，朝中没有得力的辅臣，靠谁来相救呢？不学习古代经验而能长久统治的朝代，我还没听说过。现在周青臣这样的小人当面阿谀，是加重陛下的过失，这不是忠臣所为。"明眼人都能看出来，淳于越崇尚儒家学说，反对现行的郡县制，希望皇帝遵循古法，恢复分封制。

意见出现了分歧，秦始皇没有当场评判，而是交由丞相李斯处理。第二天，李斯上书皇帝，给这件事定了性："时代不同了，情况不同了，陛下开创的是万世不朽的功业，这些愚蠢的儒生哪能理解？况且淳于越所说的夏、商、周三朝，有什么可取之处？这些儒生不学习今天，却要效法古人，以此来诽谤当世，惑乱民心。"同时，李斯给出处理意见："让史官将不是秦国的典籍全部焚毁。除博士官署掌管的外，民间所有《诗经》《尚书》和除却法家之外的诸子百家的著作，一律没收并集中销毁。胆敢聚众谈论《诗经》《尚书》的，处以死刑；胆敢借古讽今的，处以满门抄斩；命令下达三十天后，仍不烧书的，处以脸上刺字的黥刑，并发配边疆罚苦役四年。医药、占卜和种植类书籍不在本次查禁焚毁范围。"秦始皇看完，给了一个字的批复："可。"

于是全国上下开始了自己上交、官府搜缴藏书的工作。短短一个月的时间，民间除医药、占卜和种植之外的先秦各类典籍基本化为灰烬。当然，它们并未绝版，"皇家图书馆"中仍有少量备份留存。

文化小常识

分封制与郡县制

分封制的核心就是"封邦建国",即划分土地,指派国君。当时的天下是一个王国,许多侯国。王国和侯国是名义上的君臣关系,诸侯其实是"独立法人",侯国"自负盈亏"。所以这种制度更像国家联盟或邦联,只不过这些侯国之间并不平等。

郡县制的天下是一个统一的帝国,下面有若干个郡,郡下设县。郡、县的长官由皇帝任命,但是对于治下的这一亩三分地,他们没有产权和治权,只有代理权。

分封制分封的是有爵位的诸侯,实际是分权,分天子的权;而郡县制是委派只有代理权的官员,实际是集权,集天下权到君主手中。

焚的什么书

仅仅几个儒生的批评,缘何引发李斯如此强烈的反应?秦始皇为何也举双手赞成?

秦朝治国推行的是法家理论,李斯是法家的代表人物。法家讲求"法后王",一切向前看,推崇君主专制。而淳于越这帮博士推崇儒家学说,讲求"法先王",动不动就拿夏、商、周三朝的例子来与现在进行比较。他们在宴会上的意见其实是在批评朝廷的现行政策。

这让秦始皇很不高兴。丞相李斯更是敏锐地觉察到,天下统一了,度量衡统一了,可是如果思想上不统一,秦帝国随时都有颠覆的危险。于是,李斯对民间的思想文化采取了严厉措施:查禁焚毁《诗经》《尚书》和除却法家之外的诸子百家的著作。

为什么是这些书?

《诗经》中有大量赞颂周天子和诸侯的诗篇,秦始皇不希望臣民传颂他们;《尚书》是上古历史文献的汇编,记载了许多上古贤王的治世理念,这些又与秦始皇的理念相左;至于除却法家之外的诸子百家的著作,都是与秦朝现行政策背道而驰的。因此,秦始皇必须将这些书籍全部查禁销毁。

不过这不是历史上第一起焚书事件。在此之前,秦孝公任用商鞅变法之时,商鞅就曾提出治国利器是爵禄和刑罚,而不是儒家说的礼、乐、诗、书,建议秦孝公在秦国国内焚毁《诗经》《尚书》等著作。看来,借焚书来钳制思想、控制百姓,这是嬴秦政权的传统。

坑儒事件

随着年龄的增长,秦始皇越来越怕死,开始迷信长生不老之术。于是不断有方士以寻找神仙、奇药为由前来自荐,骗取大量钱财。忽悠只能蒙骗一时,谎言总有露馅的一天。秦朝法律规定,如果方术不能应验，方士就要被处死。焚书之后的第二年，方士侯生和卢生感到了危机，一起吐槽秦始皇在为人、执政和求仙等方面的过失，权衡利弊，二人最终决定携款逃跑。

方士们要人，秦始皇给人；方士们要钱，秦始皇给钱。结果仙人没见到，仙药也没有，这帮方士还数落秦始皇的不好，然后拿了钱财跑路。这极大地伤害了秦始皇的自尊心。盛怒之下，秦始皇命人搜查咸阳城与侯生、卢生一起诽谤皇帝、妄议朝政的方士。在严刑拷问下，被举报告发的方士有四百多人。秦始皇一道令下，全部坑杀。

我们发现，被坑杀的主要是蒙骗皇帝的方士，从知识结构来说，这些人信奉的是儒家理论，曾经学习的是儒家经典。但从职

业上来说，他们不是儒生，而是方士。当然，这些人不全都是方士，应该有极个别对朝廷不满的儒生。

坑儒事件发生后，公子扶苏还想劝谏，结果被秦始皇支到北方上郡（今陕西榆林）做监军去了。

如果说焚书事件是有意为之，那么坑儒事件更像是秦始皇突发的感情用事。花了银子，寄托了希望，却发现被骗了，并且这帮人坑了你，还反过来说你的不是，气急败坏的秦始皇便要将这帮坑他的人真的"坑"死。只是记述历史的人说是坑儒，秦始皇这口黑锅背得有点儿冤。

项羽放了一把大火

公元前209年，沛公刘邦率兵进入咸阳，秦朝灭亡。萧何径直去了秦国的丞相府和御史寺，将收藏于此的律令文书、地图版籍悉数收缴，带回军中整理收藏。这些资料对于后来刘邦了解天下地形、人口状况和民生疾苦等有极其重要的参考价值，帮助刘邦最终取得天下。但是很可惜，萧何当时没办法将咸阳宫内的这些宝贝全部带走。

不久，项羽逼走刘邦，率军冲进咸阳。这个不读书的粗人对书籍和文物毫无兴趣，他只知道要灭秦复仇，于是放火彻底烧毁了咸阳宫，陪葬的除文物外，便是咸阳宫收藏的先秦文化典籍。

这些古代思想文化瑰宝,逃过了嬴政的焚书,这一次却真的在劫难逃了。

中国古代,焚书的灾难有多次,但秦汉之际的焚书,真正造成毁灭性伤害的凶手是项羽。

漏网的书

民间的书被烧光了,宫中的藏书也被烧了,那我们现在读到的先秦典籍从何而来?

西汉初年,官府不再禁止私人藏书议书。一些还在世的儒生依靠记忆,口头传经。他们的弟子便用当时通行的隶书,将老师背诵的经典文本和解释记录下来。这便是著名的"今文经"。皇帝对此非常重视,设置经学博士予以广泛传播。今文经虽好,却出现了一个新情况:因为内容来自老儒生的记忆,每个人的记忆是有出入的,解说更存在差异,所以出现一经有多家说法的情况。今文经代代相传,逐渐形成了一些学术流派。比如《周易》有三家,《尚书》有三家,《诗经》有三家,等等。

另外,虽然当年秦始皇下令焚书,全国查抄书籍,但是仍有许多人想办法将典籍埋藏起来了。西汉时人们拆除旧房,相继发现了一些用篆书抄写的古书。于是官府号召民间献书,朝廷设官员负责收集整理。一整理,又发现了新问题:这些古文经典内容与今文经不一致,篇章也多出不少。这部分新发现的经典便被称为"古文经"。此后,古文经学和今文经学的争论不断,延续至今。

脑洞大开

出于维护专制主义中央集权制度的需要,秦始皇批准了李斯"焚书"的建议。焚书只是手段,统一思想才是目的。对于刚刚统一全国的秦朝来说,短期效果显而易见。但是从长远看,手段粗暴残忍,钳制百姓的思想,最终加速了秦朝的灭亡。嬴政焚书还留着"备份",可后来的项羽却将这最后的"备份"连同藏书馆都烧了个一干二净。看起来似乎嬴政替项羽背了黑锅,但是追根溯源,嬴政难辞其咎。

而"坑儒"应该是一个误会。始皇帝生气之后的一次任性决定,活埋了四百多个方士,却被误读成了活埋儒生。

关于焚书坑儒,后世子孙评点不一。晚唐诗人章碣的诗作《焚书坑》颇有代表性。

焚书坑
竹帛烟销帝业虚,关河空锁祖龙居。
坑灰未冷山东乱,刘项原来不读书。

第一句是说随着焚书的青烟散尽,秦朝的帝业也成了一场虚梦。第二句中的"关河"指的是咸阳城有函谷关和黄河的险要地势护卫,"祖龙"指的就是秦始皇。三、四两句中,"山东"指的是崤山函谷关以东,是原来六国旧有之地。三、四句说的是,焚书的灰烬未冷,山东之地已经发生暴乱,灭亡秦朝的刘邦和项羽原来并不读书。

在这首诗中,章碣辛辣地讽刺了秦始皇焚书的暴虐行径。拥有关河险要的地势,加上对百姓的思想钳制,秦始皇自以为高枕无忧,孰料山东一乱,秦朝烟消云散。更可笑的是,灭秦的刘邦和项羽压根就不是焚书所针对的对象。

在否定焚书策略的同时,诗人并没有给出一个切实的巩固统治的方法,也没有探讨秦亡的真正原因,而是留下了一个大大的空间,供我们思考。

焚书坑儒:焚烧书籍,活埋儒生。后指对文化和知识分子的摧残。坑,挖坑活埋。

要命的沙丘

主人公一： 赵武灵王赵雍，战国中后期赵国君主，公元前295年死于沙丘

主人公二： 秦始皇嬴政，中国历史上第一位皇帝，公元前210年死于沙丘

两个君主的"连连看"

在战国诸多雄主当中，赵武灵王和秦始皇有着极多相似之处。

赵国君主和秦国君主其实是同一个祖先。相传他们的祖先大费帮助大禹治水有功，受到舜帝的封赏，并赐姓嬴，于是大费的后代都姓嬴了。一个叫嬴中衍的后代曾替商朝第十任君主太戊赶车。他的后代中有一个孩子叫恶来，侍奉暴君商纣王，被周人所杀，恶来的后人渐渐成为秦人。恶来的弟弟叫季胜，他的后人渐渐成为赵人。所以，赵武灵王和秦始皇追根溯源都姓嬴。

本文内容参考《史记·赵世家》《史记·秦始皇本纪》。

季胜这一支传到造父,同样以善御闻名,成为周穆王的御用车夫。周穆王西游时,朝中有人作乱,造父驾车飞奔,使周穆王及时赶回国都,发兵平定叛乱。周穆王因此将赵地(今山西洪洞)封给有功的造父,他的后代就以赵为氏,所以《史记》中又称秦始皇作赵政。

赵雍是赵肃侯的嫡子,十三岁时曾去韩国当质子。两年后父亲去世,赵雍回赵国继位。嬴政是秦庄襄王的嫡子,出生于赵国,在邯郸当了九年质子后回到咸阳,十三岁继位。

赵雍和嬴政最为后人所称道的,是他们执政期间的功绩。

近代大学者梁启超先生称赵雍为"黄帝以后的第一伟人",称赞他推行"胡服骑射"政策,使赵国迅速强大起来。

秦始皇则被明朝思想家李贽称为"千古一帝"。他结束了长期以来诸侯割据称雄的局面,建立了中央集权的强大帝国,对中国和世界历史产生了深远影响。

他俩还有一个相同点:人生终点都在沙丘(今河北省邢台市广宗县大平台村)。

赵武灵王的悲剧

如果当初没有那个莫名其妙的梦,也许赵武灵王后来就不会做那么多荒唐事。

三十一岁那年,赵武灵王梦见一个绝色美女边弹琴边唱歌:"美人光彩艳丽啊,漂亮的容颜好像苕花。命运啊命运,竟然让我不认识嬴氏君王!"

次日醒来,赵武灵王对梦中的女子念念不忘,便在酒宴上提起这件事。大臣吴广觉得赵王描述的这个女子跟自己的大女儿孟姚(吴广姓姚,吴氏,大女儿按家中排行称孟,所以叫孟姚,意思就是姚家的大女儿)很相像,于是便叫夫人将女儿送入宫中。孟姚果真深受赵王宠爱。因为她是吴广的女儿,赵地方言中"娃"是美丽的意思,所以人们又称她作吴娃。又因赵王梦中歌曰"曾无我嬴",她还被唤作嬴娃。

在陪伴赵王近十年的时间里,吴娃生下三个儿子。临终前,她恳请立自己的大儿子赵何为太子。赵武灵王于是废了太子赵章,改立赵何为太子。

两年后,赵雍做了一件令人费解的事:传位给十岁的太子赵何,是为赵惠文王,而他自称主父,相当于后世的太上皇。

主父赵雍的初衷是将国家的政治、经济等事务交给儿子,并为他安排了诸多能臣,自己则专心从事擅长的国防建设和对外战争。想法是好的,可是无形中在赵国形成了"二元政治"的模式,即一个国家有两个君主,形成了两个权力中心。无所适从的臣民不得不选择站队,久而久之,国家高层一定会出现矛盾。

在肥义等大臣的悉心辅佐下,年轻的赵惠文王很快适应了国君的角色。远离权力中枢的主父赵雍则感受到了落寞。悔不当初的他再出昏着儿:在灭掉中山国之后,封前太子赵章为安阳君,掌管代地。赵雍想挑动赵章与赵何分庭抗礼,之后由他这个父亲来调和兄弟之间的矛盾,借机重新掌握大权。

显然,战场上雄才大略的赵雍进行内部政治斗争时,智商基本降到了五十以下。

肥义这些股肱之臣深知此举之害,在无法劝说赵雍的情况下,向赵惠文王汇报了实情,并商议了应对之策。

赵雍封赵章为安阳君,还给他安排了一个国相田不礼。此人原为宋国大臣,是宋国灭亡的罪魁祸首。放纵骄横的赵章遇上残忍傲慢的田不礼,结果只可能是阴谋发动政变。

机会来了。

主父赵雍要去沙丘选看墓地,让赵惠文王和安阳君赵章一同随行。赵惠文王住在一处宫室,主父和安阳君住在另一处宫室。赵章和田不礼假传主父旨意召见惠文王,大臣肥义担心有诈,先行入宫,被杀。

觉察事变的赵惠文王立即调动事先准备好的军队平定安阳君的叛乱,很快田不礼被杀,赵章逃往主父宫室,赵雍竟然收留了赵章。赵惠文王的平叛军队攻入主父宫室,杀死了赵章。

领兵的将官知道,包围主父宫室这是犯了大罪,如果撤兵,肯定会被主父追究责任,处以灭族的大罪。于是,他们决定"以围代诛"。逼走宫中所有人员,独独将主父赵雍软禁在宫中,并且断绝饮食供应。这一围便是三个月,其间无人过问。英雄一世的赵武灵王吃光了宫中的食物,不得不上树抓鸟巢里的雏雀充饥,最终活活饿死在沙丘宫。

经此一劫,赵国不复先前的强盛。

秦始皇的失算

秦始皇的悲剧也缘于两个儿子。

他总共有二十三个儿子、十个女儿。他看中的是长子扶苏和第十八子胡亥。

扶苏的名字源自《诗经·国风·郑风·山有扶苏》一诗中的"山有扶苏,隰(xí)有荷华","扶苏"指的是桑树之类的香草佳木。对于长子,秦始皇曾寄予厚望。

但是宅心仁厚的扶苏崇尚儒家思想,与父亲秉执的法家思想大相径庭。秦始皇坑儒四百余人时,扶苏直言进谏,触怒了父皇,被派往上郡,监督蒙恬修筑长城,抵御匈奴。

胡亥是秦始皇比较喜欢的幼子。公元前211年,秦始皇最后一次外出巡游,胡亥请求跟随,他同意了。这一路从咸阳往南经云梦到九嶷山,再到平原津时,秦始皇便生病了。因为他讨厌说"死",所以群臣都不敢多言。随着病情加重,他预感来日无多,于是写好一封给长子扶苏的信:"把军队交给蒙恬,赶快回咸阳参加丧事,在咸阳安葬。"加盖御印后,封好存放在宦官赵高那里。

七月,秦始皇病逝于沙丘平台。

与赵雍饿死不同,嬴政的悲剧在身后。

丞相李斯认为皇帝死于宫外,害怕皇子们和各地发生变乱,于是封锁消息,秘不发丧。他将皇帝的棺材放置在辒辌(wēn liáng)里,皇帝日常事务一切如故。秦始皇病逝的消息只有李斯、赵高、胡亥和几个贴身宦官知道。

赵高曾教授胡亥书法和狱律法令,所以他希望胡亥继承大统。于是他找到李斯,用扶苏即位后李斯不得善终的假设,倒逼李斯妥协,与他合谋,假传圣旨立胡亥为帝,并篡改秦始皇遗诏,以"不忠不孝"的罪名赐蒙恬与扶苏自裁。

扶苏接到诏书,不顾蒙恬的劝阻,老老实实自杀了——这不是不忠不孝,而是愚忠愚孝。

没有了扶苏的威胁,胡亥顺利即位,朝廷实权被赵高控制。

秦始皇曾幻想大秦王朝"二世三世至于万世,传之无穷",不料他的身后便是塌方式的衰败。胡亥即位当年七月,发生陈胜、吴广大泽乡起义。三年后胡亥被逼自杀。一个多月之后,沛公刘邦率军进入咸阳,秦亡。

在中国地图上,沙丘只是一个极不起眼的北方小邑,但是它见证了诸多王朝的兴亡成败。

早在商朝末年,纣王就曾在这里大兴土木,增建苑台,放置各种鸟兽,并以酒为池,悬肉为林,荒淫奢侈,最终亡国。

而在公元前3世纪,两位著名君主在这里闭上了眼睛。随着他们的逝去,两段不可复制的传奇画上了休止符,两个强大的国家迅速走向衰落。

赵武灵王曾经灭中山国,败林胡、楼烦二族,辟云中、雁门、代三郡,修赵长城,武功赫赫。但是对于内政,他一错再错,轻率地更换王储,天真地挑起内斗,最终耗空了国力,耗死了自己。

秦始皇的文治武功同样毋庸讳言,但是对于继承人选择问题,他并未给出明确人选,最终被身边的佞臣钻了空子,导致国家灭亡。

王位继承向来是历代君主最头疼的国事和家事。面对诸多王子,他们往往难以选择。后来的现实证明,他们经过反复权衡做出的选择都是错的。那么,如果他们重新选择,结果会改变吗?

我们还是以赵武灵王和秦始皇为例。

如果赵雍没有改立赵何为太子,还是由赵章继位,情形未必会有多少改观。《史记》中说赵章是"强壮而志骄,党众而欲大",这样的人显然不可能成为一个优秀的国君。赵雍的身后注定是遗憾。

秦始皇的难题可能更大。扶苏与他的意见相左,扶苏继位意味着推翻法家那一套,代行儒家之道。这是始皇帝不愿看到的,也是李斯、赵高这些大臣不愿看到的。所以,即便扶苏能够看到遗诏、能够继位,之后君臣关于路线方针的分歧仍旧激烈。扶苏为人忠厚,玩政治显然不是李斯等人的对手,所以未来仍有一乱。

　　制度的缺失和意识形态的局限,使得古代君主的继承人选成为帝国政治中一个无解的死扣。要想求解,只能从根本上改变制度,依法治国,而不是以人治国。有了好的制度约束,国家才能走上正轨。不过,用这样先进的理念去要求古人,似乎太苛刻了。

成语典故

　　胡服骑射:胡人的服装其制为上褶下裤,有貂、蝉为饰的冠,金钩为饰的具带,足穿靴,便于骑射,故胡人强于汉人。战国时,赵武灵王采用其制,以增强国家的力量。胡,中国古代指北方和西方的少数民族,善于骑射。

微信扫码关注领取
【随身文史博物馆】

鸿门宴

民以食为天。吃喝向来是中国人的头等大事,婚丧嫁娶、迎来送往,很多聚会都是通过吃吃喝喝来呈现的。而那些珍馐(xiū)美味、饕餮(tāo tiè)大餐总是能引发我们的多重想象:那些著名的饭局上得有多少令人垂涎的美味哟!事实真的如此吗?

项羽请刘邦吃过一顿家喻户晓的大餐——鸿门宴。确切地说,鸿门宴是一个局,一个步步惊心、你死我活的饭局。一系列见招拆招的智力比拼令这个饭局异常精彩。

时间: 公元前 206 年 11 月

地点: 鸿门(今陕西临潼东北)

主要人物: 上将军项羽、亚父范增、左尹项伯(项羽叔叔)、项庄(项羽堂弟)、沛公刘邦、谋士张良、大将樊哙(kuài)

本文内容参考《史记·项羽本纪》。

项伯告急

楚怀王派宋义、项羽北上救援赵国,同时命沛公刘邦向西进军关中。当时与诸将约定:谁先进入函谷关平定关中,就让谁在关中称王。这条约定让将军们热血沸腾。

宋义、项羽这一路虽然兵强马壮,但是事故不断:先是将帅不和,项羽杀宋义自立,之后又在巨鹿与秦军主力章邯一通死磕。而刘邦这一路偷袭武关,轻松拿下咸阳。

等项羽率军来到函谷关时,发现城门紧闭,又得知刘邦抢先进了咸阳,项羽异常恼火,命令部队直接攻克函谷关,欲到咸阳兴师问罪。

项羽的震怒让刘邦手下的左司马曹无伤吓得尿了裤子。这家伙直接做了叛徒,派人跟项羽告密:"沛公要在关中称王。"于是项羽和亚父范增决定第二天攻打驻军霸上的刘邦。

偏偏项羽军中也跑出来一个通风报信的——项羽的叔叔项伯。

当年项伯杀了人,是张良帮他免于死罪,所以知恩图报的项伯飞马赶到沛公营中通知张良,让他赶紧跟自己一起离开。心存感激的张良觉得不能一走了之,还得救刘邦,于是就跟刘邦汇报了实情。他们一盘算,靠手里的这点儿人马硬拼,肯定打不过项羽,只能智取。

因此张良生拉硬拽把项伯拖去见刘邦。刘邦看到张良的眼神,便心领神会。感谢项伯飞马报信的同时,他直接唠起了家常,套出项伯的家庭成员情况,并当场跟项伯结了儿女亲家。这下项伯成了刘邦的保护神,他不仅答应替沛公在项羽面前解释,同时建议他次日一早当面向项羽道歉。

老实人项伯说到做到,连夜赶回军营,向项羽汇报了刘邦进关之后的良好表现,并劝项羽不要意气用事。项羽答应了叔叔。

次日天明,沛公带着一百多名手下来到鸿门的项羽大营赔罪。他单刀直入地说:"是不是有小人说了坏话,让将军和我之间有了嫌隙?"

项羽有些尴尬,说了实情:"是曹无伤说的。不然,我哪会这样!"

为了缓和气氛,项羽留刘邦喝酒。

古人的座次

秦汉之际,高桌大椅还没有出现,古人都是席地跪坐,吃饭时自然各居一方。每个人坐的位置极为讲究:项羽坐西向东,自然是主人位,我们常说的东道主就是这个意思。项伯是项羽的叔叔,自然坐在他的边上,亚父范增坐的是坐北朝南的次席,刘邦坐的是背南面北的再次席,而张良坐东朝西。东向为尊,南向次之,北向再次,西向基本就是侍坐。这几位的地位尊卑,我们一目了然。

项庄舞剑

这顿饭的气氛有点儿不对。

亚父范增坚持要除掉刘邦,席间他不断使眼色、举玉玦暗示项羽。可是从今天的座次安排上可以看出,项羽已经动摇了杀刘邦的决心。因为刘邦是面北背南而坐,这是臣子的座位,显然项羽已经默认刘邦是自己的手下了。但同时他还没有考虑好怎么打发刘邦,所以他对范增的暗示视若无睹。

范增急了,跑到帐外找来项羽的堂弟项庄,让他以舞剑为名,刺杀刘邦。

项庄领命,进帐请求舞剑助兴,项羽也很愿意项庄用才艺展示来打破席间的尴尬。

刘邦昨晚刚拉的关系今天起作用了。亲家项伯发现侄儿项庄居心叵测,于是抽剑在手,跟项庄对舞。项伯成了一道"防火墙",牢牢挡住了项庄对刘邦的进攻。

席间推杯换盏,眼前刀光剑影,这一幕惊心动魄,每个人心里都炸开了锅。

范增想:"项庄加紧进攻,绕开项伯,一剑结果了刘邦!"

刘邦想:"今天真是步步惊心,我可怎么办哪?"

张良想:"范增想弄死沛公,必须赶紧离开这个是非之地。"

项庄想:"这是怎么回事?亚父让我杀了刘邦,怎么我叔叔上来挡着我?难道我哥不想杀刘邦?我究竟该怎么做?"

项伯想:"项羽,你不对啊。我已经跟你解释清楚了,你怎么还派项庄行刺沛公?"

项羽想:"刘邦已经登门道歉,我不该再找他的麻烦。一会儿高高兴兴喝完酒,如果没有什么其他情况,就放他回营吧。"

显然,所有人都看出"项庄舞剑,意在沛公",只有项羽没有意识到。

樊哙搅局

范增急了会找帮手,张良比他还急,当然也去想办法了。一出大帐,看到外面的护卫樊哙,张良立刻有了主意。

樊哙急忙上前问道:"今天的事情怎么样?"

张良回答:"很危急!那个舞剑的项庄一直想害沛公!"

一听这话,鲁莽的樊哙可管不了那么多了,提着剑挎着盾直接往军门里闯,守门的卫士被他撞得东倒西歪。

黑铁塔似的樊哙突然闯帐,逼停了项伯、项庄舞剑,也把项羽吓了一大跳。望着樊哙怒发冲冠、怒目圆睁(头发上指,目眦尽裂)的样子,项羽伸手握住剑柄,挺直身子,问道:"你是干什么的?"

赶进来的张良忙答道:"他是沛公的护卫樊哙。"

项羽向来喜欢英雄好汉,一听是刘邦的手下,竖起了拇指,称赞道:"真是壮士!赐他一杯酒。"

樊哙也不客气,接过大酒杯,一饮而尽。

"赐他一只猪肘子。"

樊哙一屁股坐到地上,把猪肘子直接放到盾牌上,用剑一片一片切着往嘴里送。

酒宴上的人都停止了吃喝,一齐望着樊哙旁若无人地吃猪肘子。

"真是条汉子!"项羽问,"还能再喝酒吗?"

"我连死都不怕,一杯酒又算得了什么呢?"樊哙一抹嘴上的油,"当初怀王和将军们约定'先入关者为王',如今沛公先入咸阳,秋毫无犯。项王您听信小人谗言,要杀害有功之人。我认为您不会这样做。"

一个粗人直言不讳,反倒让项羽无话可说,他只能说:"坐,坐。"樊哙便挨着张良坐下。

范增没办法了,项庄、项伯撤下了,樊哙不说话了,这酒也越喝越没劲了。

不一会儿,刘邦借口上厕所,顺便把樊哙也叫了出来。刘邦还在犹豫要不要跟项羽道个别,樊哙一摆手,说:"干大事何必计较这些礼节。如今人家好比刀子和砧(zhēn)板,咱们好比鱼和肉,随时有生命危险,还告什么辞啊!"说完,他拉上刘邦,带着几名护卫抄小路策马飞奔回营。

估摸着他们一行快回到大营了,还在鸿门的张良这才跟项羽致歉道:"沛公酒量不行,喝多了,不能跟大王告辞了,让小

臣奉上白璧一双敬献大王,玉斗一双敬献大将军。"

既然刘邦已走,项羽便接受了白璧。气急败坏的范增抽剑把玉斗击得粉碎:"这帮蠢货没法跟他们共谋大事(竖子不足与谋)!将来夺项王天下的,一定是沛公。我们就等着做俘虏吧。"精心筹划的一步好棋被项羽下成了死局,范增只好将一腔怒火发泄到项庄、项伯身上,怪罪他们执行计划不力。项伯揣着明白装糊涂,偷着乐去了。而项庄还是糊里糊涂,不知道今天的事究竟谁对谁错。

回到霸上军中的刘邦,第一件事就是杀了告密者曹无伤。

脑洞大开

鸿门宴上吃了什么?我们唯一看到的,就是樊哙剑下带着血丝的猪肘子。这正是"人为刀俎(zǔ),我为鱼肉"的真实写照。鸿门宴不是普通的酒宴,而是机关重重的饭局。酒饭只是摆设,所有入局的人都是醉翁之意不在酒,在设局、入局和破局。

鸿门宴缘于一个告密者——刘邦的手下曹无伤。同时,项羽那边也出了一个内鬼——项伯。曹无伤的告密差点儿置刘邦于死地。项伯出手相救,让刘邦乘隙逃跑。

鸿门宴其实是张良和范增两个人的暗中争斗。

虽然东道主是项羽,但饭局的策划者是范增。范增目的明确,步步紧逼。只可惜,他的阵营并非铁板一块:项羽的犹疑不定影响范增计划的实施;项伯已成刘邦的卧底;舞剑的项庄面对项伯的阻拦、项羽的优柔寡断,没了方向……这些最终让范增的计划功亏一篑。

相比之下,刘邦方面则是张良在全权指挥:先布下项伯这颗棋子,洞悉对手的计划,见招拆招,再适时叫来樊哙搅局,刘邦趁乱逃走,自己留下沉着、冷静地收场,整场表现堪称完美。

范增最后那句"竖子不足与谋"充满了无奈和无力。

鸿门宴上的较量,就是刘邦、项羽两个阵营一次无声的比拼,谁高谁低以及数年后的胜负,此时已初现端倪。

成语典故

项庄舞剑,意在沛公:比喻说话和行动的真实意图别有所指。

发指眦裂:头发直竖,眼眶睁裂。形容极度愤怒的样子。眦,眼眶。

人为刀俎,我为鱼肉:比喻生杀之权全操控在别人手中,自己处在被宰割的地位。刀俎,切肉的刀和砧板。

刘邦的兄弟

因为韩信、英布和彭越等人的悲惨结局，刘邦给别人留下的印象就是心黑手狠、滥杀功臣。刘邦真的狠到没朋友吗？不，刘邦身边还是有一帮掏心掏肺、生死不弃的铁杆兄弟的。

前屠户樊哙

樊哙非常喜欢"英雄莫问出处"这句话，因为他的出身实在没什么好说的，不过是沛县街头一个屠狗卖狗肉的屠户。也正因为这样"接地气"的社会角色，樊哙成了刘邦的好朋友。

刘邦起兵之初，武艺高强的樊哙不离他左右。从丰县到沛县，再到薛县、濮阳、开封、曲遇、宛陵、阳城、宛城、郦县……直到取武关，进咸阳，樊哙一路冲杀，每场战役斩敌人数都在两位数以上，成

本文内容参考《史记·高祖本纪》《史记·樊郦滕灌列传》《史记·绛侯周勃世家》。

为沛公身边屈指可数的猛将。

项羽陈兵戏下,据说要进攻刘邦的部队。为了摆脱困境,刘邦带着张良和百余骑前去谢罪,唯一跟随的将官就是樊哙。鸿门宴上,张良与项羽的谋士范增斗智斗勇,项伯和项庄席前舞剑出现僵局。无计可施的张良只得出帐向樊哙求助。身为粗人,樊哙只知道要救刘邦,不假思索地直接提剑闯帐,口无遮拦地直言项羽的过失。于是,看似一团乱麻的宴会杀机被他轻松地一剑斩开。项羽没了脾气,刘邦乘隙逃跑。刘邦从鸿门宴中脱险,张良、樊哙居功至伟。

此后平定三秦、楚汉争霸,樊哙始终冲在第一线,立下赫赫战功。刘邦称帝之时,樊哙获封食邑八百户。

接下来平定燕王臧荼之乱,擒拿楚王韩信,平定陈豨之乱、韩王信之乱、燕王卢绾之乱,樊哙都是当仁不让的主力。等到天下大定之时,樊哙已官拜相国,爵位是拥有食邑五千四百户的舞阳侯。

当然,樊哙与刘邦还有一层特殊的关系。他娶了吕后的妹妹吕媭(xū),他和刘邦还是连襟。正因为是皇亲国戚,所以樊哙比旁人更容易出入宫禁之地。英布反叛之时,刘邦一度病得厉害,下令皇宫守门人不准群臣来骚扰自己。群臣被挡在宫外十多天,这天樊哙来了,撞开宫中小门(排闼),径直闯入宫中,群臣紧跟其后。

看到刘邦躺在床上,身边只有一个宦官,樊哙直接痛哭流涕,扯着嗓子就喊:"当初我们兄弟跟着陛下一道起兵,平定天下,那是何等英雄!"一句拍马屁的话被樊哙直白地说出来,刘邦听了反倒很舒坦。

樊哙接着嚷道:"如今天下安定,您怎么如此疲惫了?您病得不轻,大臣们都惊慌失措了。您不肯见我们这些老部下,难道只想跟一个宦官诀别吗?难道您忘记了赵高作乱的事吗?"

樊哙厉害!他的嗓门儿挺大,话里意思挺深,句句戳中刘邦的心窝。刘邦翻身下床,笑着接见了群臣。

樊哙这次"排闼直入"后来成为一个著名的典故。后世北宋诗人王安石《书湖阴先生壁》一诗中的名句"两山排闼送青来"便引用了这一典故。

后来卢绾谋反,樊哙奉命北上平叛,有人趁机向刘邦告密,说樊哙与吕后串通,想等刘邦驾崩后,兵诛戚夫人和赵王如意。病入膏肓的刘邦也个派人调查,直接命陈平陪同周勃赶奔前线,由周勃接任樊哙的职位,并将樊哙就地处决。

陈平和周勃到了军中,收回兵权,当场逮捕樊哙。陈平考虑到樊哙是吕后的妹夫,刘邦即将驾崩,如果贸然杀了樊哙,吕后后面追究起来,自己肯定要担责。稳妥起见,他将樊哙关进囚车,押回长安。他们到达长安时,刘邦已经驾崩。升为太后的吕后自然舍不得杀妹夫,直接放了樊哙。

太仆夏侯婴

夏侯婴也是刘邦在沛县的老相识。一开始他在县衙里干的是养马驾车的活计。工作之余,他喜欢去泗上亭找亭长刘邦聊天,而且一聊就是大半天,非常投机。后来夏侯婴当了县里试用的县吏,与刘邦接触的机会更多了,两个人关系也越来越亲密。

一次,刘邦因为开玩笑误伤了夏侯婴,被人告发到官府。要知道,刘邦身为亭长,伤人是要从重处罚的。于是刘邦申诉自己原本没有伤害夏侯婴,夏侯婴也证明自己没有受伤。本以为可以算作私下和解,不料县里的法吏认定这起案子是诬告,这笔账要记在"原告"夏侯婴头上,判他个"诬告反坐"。结果夏侯婴挨了几百板子,坐了一年多大牢,而刘邦毫发无损。

夏侯婴所受冤屈,刘邦一直记得。

后来刘邦在芒砀山起义,率领部众准备攻打沛县时,出城与他联络的便是夏侯婴。刘邦自立沛公后,任命夏侯婴为太仆,专门掌管车马出行事务。用现在的话说,夏侯婴担任了刘邦的专车司机,

足见刘邦对他的信任。要知道,日后不论夏侯婴取得多大功劳,担任多少职务,这个太仆的职务他一直都没有卸任,刘邦做汉王,他是太仆;刘邦做皇帝,他还是太仆;汉惠帝即位,他是太仆;汉惠帝去世,他做吕后的太仆;吕后去世,代王刘启入朝,驾车迎接的还是夏侯婴。他一辈子都是皇家的"专车司机"。

彭城之战时,汉军被项羽打得大败,刘邦乘着夏侯婴的马车急速逃跑。半路遇上了刘邦的两个孩子，也就是后来的汉惠帝刘盈和鲁元公主，夏侯婴下车把两个孩子抱上车。后有追兵，马又跑得疲惫，心急如焚的刘邦流氓脾气上来了，只顾自己活命，把其他人都当成累赘，包括自己的一双儿女，于是直接将两个孩子踹下马车。夏侯婴见状，赶紧停车，下去把哭喊的两个孩子抱上车。他非常有心，先是慢慢赶车，让两个惊魂未定的孩子抱紧自己的脖子后，再加速奔驰。跑着跑着，车子又慢下来，刘邦见两个孩子松开夏侯婴，坐到位子上了，又上去两脚踢走孩子。夏侯婴不得不再次停车捡孩子。如是者三，刘邦气得抽出长剑要杀夏侯婴，可夏侯婴就是不愿扔下两个孩子。主仆二人就这样一路对峙，一路狂奔，最终逃出险境。

夏侯婴不舍汉王子女的义举，刘邦和吕后终生难忘。

西汉建立后，刘邦率军北击匈奴，被困白登山七天七夜。幸得陈平献计贿赂单于阏氏，匈奴部队才网开一面。刘邦一出包围圈便想驱车快跑，夏侯婴担心这样会引起匈奴注意，遭遇偷袭。严令车马有序慢行，同时安排弓箭手护住皇帝的车驾，安全脱险。因护驾有功，刘邦又加封夏侯婴一千户食邑。

汉惠帝在位时，因感激夏侯婴当年救护自己和鲁元公主的恩情，把紧靠皇宫北面的一等宅第赐给夏侯婴，命名"近我"，意思是"这样可以离我最近"，以示对夏侯婴的尊宠。

夏侯婴是刘邦的车夫兼保镖，对刘邦及其家人的安全负全责。他用忠诚和勤恳赢得了几代皇帝的认可。

周勃、郦商与灌婴

周勃最初在沛县是编蚕箔的小商贩,为补贴家用,还会在人家办丧事时充当哀乐乐手。当然,他和樊哙一样,平庸的生活背后藏着一颗勇敢的心。

刘邦起兵时,周勃便以侍从的身份跟随刘邦。周勃作战英勇,攻城时每每率先登城,屡立奇功。刘邦被项羽封为汉王时,赐给周勃的爵位是武威侯——对于周勃的勇武,刘邦相当认可。

此后的楚汉相争、汉初平叛,周勃都是刘邦的得力干将。因为战功卓著,周勃获封太尉。

郦商虽然不是刘邦的老乡,但是他的哥哥郦食其得到刚刚起兵的刘邦的认可,于是荐举了自己的弟弟。郦商不仅自己来投奔,还带来四千人马,这对刘邦来说是一份大礼。此后,郦商作战英勇,身先士卒,被汉王刘邦封为信成君。西汉建立后,郦商又因平定燕王臧荼叛乱有功,升任右丞相。

灌婴原来只是睢阳一个贩卖丝织品的小商人。在砀郡,他成为刘邦的侍从。别看灌婴是商人出身,打起仗来却极为勇猛,屡立战功。项羽垓下突围之时,灌婴率军队穷追不舍,后来瓜分项羽尸体共同封侯的五个人均是灌婴的手下。

周勃、郦商和灌婴在刘邦驾崩后,都对吕后专权采取了隐忍的态度。吕后去世后,他们与陈平等老臣立即投入消灭诸吕的行动,保全了刘氏皇权。

脑洞大开

在帮助刘邦建立汉朝的功臣当中，沛县乡亲萧何、曹参、樊哙、周勃和夏侯婴等人是最初的草创班底，他们一路跟随刘邦从弱小走向强大，饱尝失败的艰辛，他们对刘邦和他的这份家业有着一份特殊的感情，所以刘邦对他们也是另眼相看。

同时，樊哙、周勃和夏侯婴等人有能力，但远没有达到无双国士的级别，功绩也没有韩信、彭越、英布等人那样耀眼，对刘邦来说，他们的威胁属于可控范围。所以，他们完全可以为刘邦所用，并且无害。与其说他们是大汉的臣子，不如说他们是刘邦的奴仆。奴仆是主人的私有财产，以下犯上这样的情形不但客观上没有滋生的土壤，而且在主观上，樊哙、周勃之流也完全没有这样的野心和能力。既然如此，刘邦乐得把他们当跟班，自己吃肉时留些汤给他们即可。

当然，兄弟里也有一个例外——卢绾。关于他的故事，在《刘邦的心病》中我们将会详细讲述。

刘邦的心病

楚汉相争,刘邦赢得并不轻松。如果没有项羽阵营那些诸侯王的倒戈,很难说这场争斗最终鹿死谁手。所以战争一结束,刘邦不得不维持现状,在稍加调整后继续给那几个诸侯王以王爵之位:封彭越为梁王,封臧荼为燕王,封韩王信为韩王,改封九江王英布为淮南王,改封常山王张耳为赵王,改封衡山王吴芮为长沙王,同时改封自己的大将齐王韩信为楚王。这便是西汉初年的七个异姓诸侯王。

可是在刘邦心里,与其说这七个人是驻守天下的诸侯王,不如说他们是遍布各地的定时炸弹。

七个异姓王里,韩信、韩王信在本套书的其他分册里有专门讲述,赵王张耳在西汉建国时去世,长沙王吴芮则在建国元年去世,所以他俩基本没有受到刘邦的猜忌。而臧荼、彭越和英布等人便成了刘邦刀俎上的鱼肉。

本文内容参考《史记·高祖本纪》《史记·魏豹彭越列传》《史记·黥布列传》《史记·韩信卢绾列传》。

臧荼不出意料地反了

臧荼是战国时燕国的旧臣。陈胜、吴广发动起义后,派一支军队北征燕赵。部将韩广成功地安抚燕地,被当地贵族拥立为燕王。臧荼也在此时投到韩广麾下。

巨鹿之战时,燕王韩广派臧荼率兵救赵。臧荼跟随项羽大破秦军主力。

等到项羽自立为西楚霸王,分封诸侯王之际,他对原是陈胜部将的韩广并不放心,于是借口臧荼功大,封他为燕王,而把韩广迁为辽东王。韩广自然不服,与臧荼发生争斗,兵败身死,于是燕地和辽东之地都成了臧荼的地盘。

公元前204年,韩信破赵后致信燕王臧荼,臧荼权衡利弊后率众归顺汉王刘邦。

公元前202年,刘邦击败项羽。臧荼与其他几个诸侯王共尊刘邦为皇帝。至此,刘邦与诸侯王们的政治蜜月期结束。

刘邦开始捕杀项羽旧部,这让最初由项羽册封的燕王臧荼格外紧张。传言刘邦将会拿功劳最小、关系最疏远的燕王开刀,臧荼沉不住气了,起兵反叛。刘邦御驾亲征平定叛乱,擒杀臧荼。他的儿子臧衍逃到了匈奴。

卢绾出人意料地反了

新的燕王是刘邦打小的玩伴、好朋友卢绾。卢家和刘家是世交,住在一条街上,卢绾和刘邦还是同年同月同日生,打小一起读书,一起成长,连刘邦年轻时因吃官司东躲西藏,卢绾都紧随左右。

等到刘邦起兵反秦,卢绾便是跟随他东征西讨的将军。在汉初的功臣当中,可以随便出入刘邦卧室的,只有卢绾。平定臧荼之乱后,太尉、长安侯卢绾众望所归地成为燕王。

六年后,陈豨在代地反叛,刘邦和卢绾兵分两路夹击叛军。陈豨派人向匈奴求救,卢绾也派使者张胜出使匈奴,声称叛军已被击败。流亡匈奴的前燕王臧荼之子臧衍见到了张胜,说:"燕国之所以可以长期存在,是因为诸侯王多次反叛,战乱连年。如果陈豨被消灭,接下来就轮到燕王遭殃了。你为什么不让燕王延缓攻打陈豨,并与匈奴修好呢?战争一延缓,卢绾这个燕王就坐得安稳了。如果朝中有变,也可借此安定国家。"

臧衍的话打动了张胜,于是他暗中让匈奴帮助陈豨攻打燕国。

燕王卢绾发觉张胜与匈奴有勾结,便上书刘邦请求处决张胜满门。

回来复命的张胜把臧衍的话复述了一遍,卢绾这才醒悟。于是假称他人谋反,为张胜家属开脱,让张胜安心充当他和匈奴的中间人,又派人指使陈豨长期叛逃,确保战争不断。不料此事被陈豨的一个降将告诉了刘邦。

刘邦于是召卢绾进京,卢绾心中有鬼,称病不往。朝廷又派大臣前去迎接燕王,顺便查问他的手下。卢绾更加害怕,闭门不出,并告诫手下:"皇帝重病在身,国事全由吕后处理。吕后是想找借口杀掉异姓诸侯王和功臣。"这些话也被人听到,报告了刘邦。

后来,投降的匈奴人确认卢绾的使者张胜就在匈奴。刘邦认定卢绾造反,派樊哙攻打燕国。卢绾把自己的宫人、亲属和几千骑兵安顿在长城下,准备等刘邦病好后,进京请罪。不料刘邦驾崩,卢绾知道自己没机会解释了,便率部逃到匈奴。虽然匈奴单于封他为东胡卢王,但是并不尊重他,时常发生欺凌事件。卢绾非常后悔,总想重返汉朝。一年后,卢绾客死匈奴。

卢绾的造反纯属偶然。臧衍的一番说辞打动了张胜,可以理解,但是说动卢绾实在属于意外。卢绾不该怀疑自己和刘邦多年的交情,他的胡思乱想、首鼠两端最终把自己逼上了不归路。

彭越还来不及反叛

彭越原本是巨野湖泽的水寇。陈胜、项梁等人揭竿反秦之后,彭越被当地青年推举为首领,带着一千多人起事。兵荒马乱之时,彭越领着一支独立大队,虽然发展迅速,有万人之多,却一直没有归属。

齐王田荣背叛项羽时,派人赐给彭越印信,彭越出兵大败楚军。之后,汉王刘邦联合诸侯攻打楚国,彭越率三万余人归附了刘邦。刘邦以魏豹是真正的魏王后代为由,任命彭越做了魏国国相。彭越对此非常失望。

刘邦打了败仗,派使者请彭越合力攻打楚国。彭越以魏地刚刚平定为由,拒绝出兵。刘邦一败再败,急着向张良问计。张良明白彭越的心思,指出魏豹已死,又没有后代,赶紧承诺战胜楚国后,睢阳以北到各城的土地都划归彭越,封他为王。

刘邦按张良的建议通知彭越,彭越率全部人马到垓下与刘邦会师,围歼项羽。战争结束后,刘邦封彭越为梁王。

在楚汉相争的战争中,彭越最擅长的是游击战。在楚军后方往来出没,攻击楚军的补给,频繁骚扰楚军,使得项羽两线作战,疲于应付,无法集中精力歼灭刘邦的主力军。楚汉相争的胜利,其实是刘邦的正面防御,韩信的千里奔袭,外加彭越的游击战,三方合力取得的成果。

公元前197年,陈豨反叛,刘邦亲征平叛,向梁王彭越征兵,彭越以生病为由,只派大将领兵赶到邯郸。刘邦很生气,派人责备彭越。彭越害怕,准备前去谢罪,一个部将认为他此去必定被捕,不如起兵反叛。彭越没有采纳此人的建议,仍说自己有病。

偏偏他的一个要被处死的手下逃到皇帝那儿,告发了彭越阴谋反叛之事。刘邦于是派使臣出其不意地袭击彭越,将他逮捕并囚禁到洛阳。有关部门审理此案,认定彭越谋反罪证具备。刘邦念及彭越的功劳,将他废为庶民,流放至蜀地的青衣县。

被削职为民的彭越原本可以在蜀地安度晚年,不料在流放途中遇上了要命的吕后。彭越向吕后哭诉冤屈,希望能回故乡昌邑(今山东荷泽巨野)。吕后不动声色地答应了,并将他带回洛阳。面对高祖,吕后却说:"彭越是豪壮勇敢之人,流放蜀地,这是留下祸患,必须杀掉。"接着,吕后命彭越的门客告发他再次阴谋反叛,于是彭越全族被杀。

英布不得不反了

英布年轻时犯法,被判了黥(qíng)刑(脸上刺字,史书上又称他黥布),押到骊山服劳役。秦朝末年天下大乱,英布趁乱带着一帮刑徒逃到长江边做盗匪。

大泽乡起义之后,英布聚集了几千人的队伍归顺项梁。此后在攻打景驹、秦嘉的战役和巨鹿之战中,英布骁勇善战,屡立头功。项羽分封诸侯王时,英布获封九江王,统治九江、庐江二郡。此后,项羽尊楚怀王为义帝,把他迁到长沙,同时密令英布在半路截杀。虽然英布奉命杀死了楚怀王,但是他已经和项羽离心离德。

齐王田荣叛楚,项羽向英布征调军队,英布以病重不能前往为由,只派大将率几千人应征。后来汉王刘邦在彭城大败楚军之时,英布还是以病重推脱不肯发兵救援。项羽屡派使者责备英布,召他前往,英布愈发恐慌,不敢发兵。此时项羽众叛亲离,他又爱惜英布的才能,所以并没有兴师问罪。

彭城之战时,刘邦和项羽同时派使者前往淮南拉拢英布,最终刘邦派去的使者棋高一着儿,恩威并施搞定英布。刘邦封英布为淮南王,英布率军与刘邦会师垓下,全歼楚军。

公元前196年,吕后诛杀淮阴侯韩信,刘邦诛杀梁王彭越,与他们并称"汉初三大名将"的英布不寒而栗,于是暗中部署军队,以应对不测。

关键时刻出了一个要命的插曲。

英布的爱妾生病了,便去邻近的大夫家就诊。一天,爱妾无意中称赞大夫为人忠厚,英布便怀疑二人可能存在不正当关系。大夫闻讯,吓得不敢再给英布的这个爱妾看病,英布更加恼怒,便要逮捕大夫。大夫便逃到长安,主动告发英布有谋反迹象。刘邦将医师收监,派人前往淮南调查取证。英布见势不妙,就杀了大夫全家,起兵造反。

英布认为韩信、彭越已死,他没有可以匹敌的对手了。于是向东拿下荆国,渡河击溃楚军,一路向西与刘邦的军队相遇。刘邦在阵前质问:"何苦要造反?"英布高声回答:"我想当皇帝!"一言不合,双方展开混战,英布败走。此后英布交战不利,只带百余人逃至长江以南。

英布原先娶了长沙王吴芮的女儿,此时的长沙王吴回系吴芮之孙,也就是英布妻子的外甥。吴回派人诱骗英布说要跟他一起逃亡去南越。英布信以为真,随吴回到番阳,在当地一所民宅里被杀。

脑洞大开

刘邦的心病是所有皇帝的通病——总担心有人来抢夺自己的皇位。于是从天下大定的那一刻起,他就开始针对异姓诸侯王进行有罪推定、排查、锁定和处决等一系列行动。

每一个异姓诸侯王都不是等贤之辈,在刘邦夺取天下的过程中,他们都曾起过重要作用。正因为他们有裂土分疆的实力,所以刘邦才对他们充满担忧。中央集权制度既把皇帝推上了权力巅峰,也让皇帝高处不胜寒,怀疑一切,敌视一切。

异姓诸侯王与汉高祖在认可利益分配的前提下达成了权力妥协。这种妥协是暂时的、脆弱的。一旦一方感觉利益分配不合理,这种妥协就会受到挑战,双方的矛盾就会激化。

诸侯王的结局基本都是身死国灭,罪状也多是谋逆。他们是真的想造反,还是被逼无奈,真相在两千多年后已经无从查证。眼见一个又一个曾经的英雄在权力的角逐中倒下,我们只能掩上书本,长叹一声。

微信扫码关注领取
【随身文史博物馆】

刘邦的"防火墙"

燕王臧荼、颍川侯利几、韩王韩信、赵相贯高、赵相陈豨、淮阴侯韩信、梁王彭越、淮南王英布、燕王卢绾……西汉建立之初，汉高祖刘邦一直在与威胁皇权的各类反叛势力以及可能威胁皇权的疑似反叛势力进行不懈斗争。在位期间，他数次御驾亲征，平定叛乱，甚至在征伐英布的过程中，被流箭射中，伤口感染，回来不到两个月便驾崩了。

生前的敌人，刘邦可以自己去战斗，可身后的敌人呢？刘邦为子孙设置了多道"防火墙"。无论人墙，还是制度墙，我们想知道，真的起到作用了吗？

白马之盟

虽说汉承秦制，西汉的政治体制基本沿袭秦朝的，但是还恢

本文内容参考《史记·高祖本纪》《史记·孝景帝本纪》《史记·袁盎晁错列传》《史记·吴王刘濞列传》。

复了先秦的分封制,在地方施行郡县与封国并行的体制,也称郡国制。当异姓诸侯王被挨个收拾干净之后,刘邦将天下郡国全部交由刘姓子孙掌管,并从制度上加以确立,这便是白马之盟。

据说刘邦在大会群臣之日,命人牵来一匹白马当场杀死,他用手指蘸着马血涂在嘴唇上,当众宣布了两条汉朝历代君臣恪守的金科玉律:"国以永存,爰及苗裔;非刘氏而王者,天下共击之,若无功,上所不置而侯者,天下共诛之。"翻译过来就是:只要汉

朝存在，大臣们及其子孙就会长久地享受福利；非刘姓皇族成员不得封王，没有军功者不得封侯；有违此誓者，天下人将共同讨伐、处决之。

白马之盟是刘邦在晚年为刘氏皇权设下的第一道"防火墙"。他希望借助祖宗之法，将染指权力的外部势力挡在皇宫之外。

接班的人选

刘邦提防诸侯和大臣，对外戚同样也不敢掉以轻心。知妻莫若夫，刘邦非常清楚自己的皇后吕雉是怎样一个狠角色，所以他也暗暗做了准备。

刘邦病重期间，吕后曾问他："陛下百年之后，如果萧相国也死了，让谁来接替他的位置？"

刘邦回答："曹参可以。"

吕后又问曹参之后的人选。

刘邦答："王陵可以。不过他的性格略愚直，陈平可以帮他。陈平智慧有余，然而难以独当大任。周勃深沉厚道，缺少文才，但是安定刘氏天下的一定是他，让他做太尉吧。"

吕后再问后面的事。

刘邦回答："再以后的事，就不是你所能知道的了。"

看似是夫妻间漫不经心的闲谈，实际刘邦已经为汉朝未来近二十年的政坛提前布好了棋子。病入膏肓的刘邦神志依然清醒,对于身边的大臣,他体察入微;对于将来的政治形势,他有着极为精准的预判。

吕后似乎对未来几任丞相的人选比较认可,忙着打自己的如意算盘。她哪里知道,丈夫已经在不经意间为吕氏一党安排好了掘墓人。

刘邦驾崩后,看不到身后发生了什么。而我们却发现,任凭吕后及她的党羽如何嚣张,事态发展始终在刘邦安排的几个大臣的掌控之中。

吕后公然挑战刘邦定下的白马之盟,打算立自己的子侄为

刘邦的谥号与庙号

我们都称刘邦作汉高祖,那么按照历史常识,他的庙号是高祖吗?

《史记·高祖本纪》中明确记载:"群臣皆曰:高祖起微细,拨乱世反之正,平定天下,为汉太祖,功最高。上尊号为高皇帝。"原来,刘邦的庙号是太祖,谥号为高皇帝。显然刘邦正确的称谓应该是汉太祖或汉高帝。而司马迁在撰写《史记》时将二者混淆,才出现了高祖的称法。在他之后,班固在《汉书》中就将刘邦的传记写作《高帝纪》。但是由于《史记》的影响力太大,人们还是习惯称刘邦为"汉高祖"。

王,右丞相王陵明确表示反对,陈平和周勃则是顺水推舟。于是吕后摄政期间,封若干吕氏子侄为侯,封刘氏王若干,废刘氏王若干,陈平、周勃在一旁听之任之。

吕后去世之后,吕氏外戚集团与刘氏皇族集团矛盾激化,陈平、周勃于京城响应刘氏诸王,诛灭诸吕势力,迎立刘邦第四子代王刘恒为帝。

当初刘邦所言"安刘氏天下者,必勃也"应验之际,陈平、周勃等人的"卧底"身份才大白于天下。

皇亲数不清

刘家是个大家族,刘邦的儿子、侄子多,因此封王封侯的人不计其数。

刘邦弟兄四人。大哥刘伯早逝,留下一个儿子刘信,被刘邦封为羹颉侯。

二哥刘仲是个地道的庄稼汉,被刘邦封为代王。代地属于北方重镇,当匈奴围城之时,刘仲根本无力坚守,只好逃跑,因此被贬为合阳侯。

别看刘仲窝囊,他的儿子刘濞(bì)非常勇猛。刘邦征讨英布叛乱时,二十岁的刘濞跟随刘邦左右,冲锋陷阵。平叛之后,刘邦在子侄当中挑了半天,发现不是年纪小,就是无才无德,于是就立刘濞为吴王,统辖三郡之地。可是当刘邦当面给刘濞拜官授印之时,不免后悔起来。因为他发现刘濞的长相不好,是典型的反叛之相。但皇帝金口玉言,颁下的圣旨不能收回。他只好轻轻拍拍刘濞的后背,语重心长地给他敲警钟:"建国五十年内,东南方将有叛乱发生,难道是你吗?记住天下都是我们刘家的,千万不要造反!"刘濞吓得赶紧叩头,连声说"不敢"。

刘邦在废黜楚王韩信之后,将封地一分为二,一半给了同父异母的弟弟刘交,封他为楚王;另一半给了远房堂兄刘贾,封他为荆王。刘交是个文人,在封国安安稳稳终老一生;刘贾很不幸,英布反叛时首先攻打的就是荆国,刘贾战败,死于军中。

刘邦共有八个儿子、一个女儿。当中出了两个皇帝,即惠帝刘盈和文帝刘恒,三个被封为赵王的儿子刘如意、刘友和刘恢都不得善终,燕灵王刘建早死,淮南王刘长后来谋反不成,绝食而死。反倒是刘邦和情妇曹氏所生的庶长子齐王刘肥子嗣众多,一共生育了九个儿子。在这当中,偏偏有四人(济南王刘辟光、淄川王刘贤、胶西王刘卬和胶东王刘雄渠)参与了后来的"七国之乱"。刘邦怎么也没想到,跟自己唱对台戏的竟是这帮无法无天的孩子。

刘邦的漏洞

刘邦的"防火墙"挡住了觊觎皇位的外臣和外戚,刘氏江山便安稳了吗？没有。江山是姓刘，可是做皇帝的只有一个人。刘家的绝大多数子孙还是只有跪地称臣的份儿，他们同样抗拒不了皇位的巨大诱惑。于是祸起萧墙，刘邦的"防火墙"被家里人攻破了。

汉文帝在位期间，地方诸侯势力日益强大，成为一个一个拥有独立主权、财权和军权的国中之国，他们不再唯朝廷马首是瞻，而是各自为政。久而久之，京城的皇帝成了被架空的孤家寡人，甚至个别实力强的诸侯还与朝廷分庭抗礼。刘邦"白马之盟"的漏洞已经显现。

此时，汉朝国力仍旧贫弱，汉文帝不敢贸然对诸侯国动手，而是采用削减封国土地、削弱封国实力的举措，比如在齐王刘肥的孙子刘则去世之后将齐国一分为七，分给刘则的七个儿子，不动声色地分解了当时最大的诸侯国。但即便如此，汉文帝在位期间还是发生了分别由济北王刘兴居、淮南王刘长发动的两起谋反事件。

等到汉景帝即位之时，朝廷与诸侯国的矛盾已经不可调和，大臣晁错建议强行削藩，汉景帝同意了。首当其冲的是刘邦四弟楚王刘交之孙楚王刘戊（wù）、刘邦之孙赵王刘遂和胶西王刘卬，汉景帝命人查处他们的罪过，削减他们的封地。此举一出，举国震动。

最忐忑不安的要属曾经被刘邦警告过的吴王刘濞。先前，刘濞的太子入朝陪伴当时还是皇太子的刘启下棋。对弈时双方起了争执，刘启失手打死了吴王的太子。刘濞于是称病不再入朝。汉文帝觉得亏欠刘濞，对他相对宽容。

吴国地处沿海，刘濞于是命人煮海水制盐，销往各地。同时当地铜矿资源丰富,刘濞又私铸钱币,流通至全国。吴国因此经济富足,不向百姓征收赋税,赢得了民心。

晁错曾同汉文帝分析:"同姓王国中,齐国原有七十余县,楚国原有四十余县,吴国有五十余县,这三个王国加到一起,便分去天下的一半。"如今,齐国被瓜分,楚国被削藩,吴王刘濞自然不寒而栗。

他联络胶西王刘卬、楚王刘戊、赵王刘遂、济南王刘辟光、淄川王刘贤和胶东王刘雄渠几位诸侯王起兵叛乱。刘濞高明的地方在于打出了"清君侧"的旗号,矛头指向的不是皇帝,而是皇帝身边的佞臣,指明他们起兵是被晁错逼迫,不得已而为之。寥寥三字将诸王的叛乱美化得义正词严。

成天咋呼的诸侯王一动真格的,汉景帝也慌了手脚。以袁盎为首的大臣们强烈建议杀掉晁错,满足诸王"清君侧"的要求来换取他们的退兵。

生死关头,汉景帝选择丢车保帅,传旨腰斩晁错。

汉景帝的突然变脸让晁错死得糊里糊涂,但是他的鲜血并未换来诸王的罢兵,反而让刘濞等人看到了朝廷的软弱。刘濞自以为看清了皇帝的底牌,干脆自称为东帝,彻底与朝廷决裂。

汉景帝的幻想破灭,不得不正视叛乱,调动全国军队进行平叛。经过三个月的浴血奋战,吴楚七国之乱被平定,吴王刘濞、济南王刘辟光、淄川王刘贤和胶东王刘雄渠兵败被杀,胶西王刘卬、楚王刘戊和赵王刘遂自杀。除楚国尚存,另立新王外,其余六国皆被除。诸侯国对朝廷的威胁基本解除。

脑洞大开

西汉初年的王国问题其实是帝国时代一道无解的难题。此后的历史中还会有若干朝代的若干帝王为此伤透脑筋，比如西晋的"八王之乱"、明朝的"靖难"之役。

专制主义中央集权制度竭力维护的就是唯我独尊的皇权模式。坐上龙椅的皇帝唯恐大权旁落，四周山呼万岁的臣子则眼巴巴盼望着自己有一天也能黄袍加身，为了达到各自的目的，他们用刀剑开路，血流成河。在这条残酷血腥的道路上，友情、爱情和亲情统统都要给权力让路。

刘邦防功臣、防外戚，却忽略了膝前那帮可爱的皇子皇孙。

面对空缺的皇位，长大了的皇子皇孙们都觉得自己才是最合适的人选。至于所谓公平原则，只能屈从于谁的兵强、谁的马壮。

吴楚七国之乱中，究竟是吴王刘濞等人蓄意谋反，还是汉景帝甚至汉文帝时就开始故意逼其就犯，很难说清。晁错在《削藩策》中指出："今削之亦反，不削亦反。削之，其反亟，祸小；不削之，其反迟，祸大。"意思就是告诫皇帝，诸王迟早都会反叛，跟朝廷削不削藩没有太大关系。既然如此，那就先下手为强。

刘邦的政策漏洞通过战争被强行修补了，诸侯王强大难制的局面趋于缓和。此后汉武帝又通过"推恩令"等一系列更高明的手段，才进一步巩固了西汉朝廷的中央集权。

削藩是个大工程

作为汉朝前期困扰朝廷的三大难题之一,王国问题让汉文帝、汉景帝和汉武帝三代皇帝绞尽脑汁,费尽心机,仗也打了,该流的、不该流的血都流了,最终实现了朝廷对地方的绝对管理。

贾谊的《治安策》

刘邦定下的郡国并行的地方行政管理制度,在他生前基本是行之有效的,但是等到他去世之后,弊端逐步显现:各诸侯国日益强大,藐视朝廷,甚至无视皇帝。这个局如何破?

最早给出解决方案的是贾谊。他是西汉初年著名的政论家、文学家,二十出头就被汉文帝征召为博士。每次御前辩论,年轻的贾谊总是侃侃而谈,获得同僚和汉文帝的一致好评。一年后,

---

本文内容参考《史记·屈原贾生列传》《史记·袁盎晁错列传》《史记·平津侯主父列传》《史记·平准书》。

他升任太中大夫。

贾谊不负汉文帝的提拔重用,在仪法制度等方面给出了许多颇有见地的意见、建议,其中最有预见性的便是一针见血地指出王国问题的症结。他在著名的《治安策》(又名《陈政事疏》)中指出,天下太平之际,威胁王朝政治安定的头号隐患,就是同姓诸侯王的存在以及他们可能的叛乱企图。对照汉朝初年异姓诸侯王林立的历史,结合汉文帝前期济北王和淮南王分别发起的两起叛乱,贾谊点明了分封诸侯王对于中央集权的危害。关于王国叛乱,他清醒地看到,诱因并不取决于诸侯王与天子的关系是疏是亲,而是取决于"形势",即诸侯王实力的强弱。如果诸侯王的实力强大,足以与朝廷抗衡,那么"疏者必危,亲者必乱"。

如何预防并应对这种危局呢?贾谊给出了两点措施:定礼制和定地制。所谓定礼制,就是针对诸侯王在礼制上的僭(jiàn)越,强调必须严格区分等级,使诸侯王严格按人臣之礼行事,从而维护天子的威严;所谓定地制,即"割地定制"。根据"大都强者先反"的历史教训,贾谊提出了著名的"众建诸侯而少其力"的方针:在原有诸侯王的封地上分封更多的诸侯,从而分散削弱他们的力量。诸侯王的封地一代一代分割下去,愈分愈少,直到"地尽而止",实力也就愈来愈弱了。

我们现在看贾谊的王国整治策略是完全正确的,可是在当时显得过于超前,周勃、灌婴在内的众多老臣都极力反对这个危言耸听的年轻人。汉文帝也渐渐疏远贾谊,打发他前往长沙做长沙王的太傅。八年后,梁怀王坠马而亡,贾谊深感愧疚,加上本就不得志的愁闷,郁郁而终。他的"割地定制"方案无人再提。

唐朝诗人李商隐在《贾生》一诗中批评汉文帝:"可怜夜半虚前席,不问苍生问鬼神。"指责汉文帝不顾贾谊的干国才能,而去问他那些虚无缥缈的鬼神之事。汉文帝真的不懂贾谊的良苦用心吗?

齐王刘则去世,没有继承人,汉文帝便将齐国一分为七。同年,又将叛乱未遂而亡的淮南王刘长的三个儿子分别封王,三分淮南国。我们看到,刘恒已经在实践"众建诸侯而少其力"的主张。只不过,当时朝廷实力弱,大肆对诸侯王动手的时机并不成熟。所以,汉文帝不动声色地将这个难题留给了儿子刘启。

晁错的《削藩策》

对于王国问题,汉景帝刘启早就感同身受。他还在做太子时,吴王刘濞的太子入京朝见天子,闲暇时陪他饮酒下棋。吴王的太子平日跋扈惯了,弈棋过程中与刘启发生争执,不依不饶,态度极不恭敬。刘启更不是好惹的,直接抄起棋盘拍在对方的脑袋上,把这个嚣张的家伙拍死了。两个小孩发生纠纷,闹出了人命,皇帝的处理却耐人寻味——让人将吴王太子的尸体送回吴国埋葬。吴王刘濞怒不可遏,命人又将儿子的尸体送回长安下葬。自此,吴王称病不朝。通过这件事,刘启已经见识了吴国与朝廷的对立。

汉文帝身边不止有贾谊关注王国动态，晁错同样屡屡上书提及削减诸侯王势力之事，前后竟然有几十次之多。虽然他的建议没有采纳，但是刘恒知道晁错将来必有大用，便让他做了太子舍人，辅助太子刘启。凭借自己的才干，晁错不仅获得了太子的赞赏，还被汉文帝提拔为中大夫。

刘启继位后，晁错被任命为内史，多次被汉景帝单独召见，参与修改多条法令。之后，晁错又升任御史大夫。位列三公的他给汉景帝上了著名的《削藩策》，再次陈述诸侯王的罪过，请求削减封地，收回边境郡城。汉景帝让群臣讨论此事，绝大多数人碍于皇帝的面子，不敢非难这一建议，只有窦婴出来与晁错争辩。但是汉景帝并未在意窦婴的反驳。晁错更是强调削藩一事是"现在削藩，诸侯王们也会反，不削藩，诸侯王们也会反。执行削藩，他们反得快，朝廷的灾祸就小；不削藩，他们反得晚，朝廷的麻烦就更大"。

根据晁错提供的罪证，汉景帝下诏令：削夺赵王的河间郡、胶西王的六个县、楚王的东海郡、吴王的豫章郡和会稽郡。晁错一口气更改了三十条法令。一时间，诸侯王们哗然，晁错成了众矢之的。

削藩令下达十余天后，公元前154年正月，吴王刘濞联合楚王刘戊、赵王刘遂、济南王刘辟光、淄川王刘贤、胶西王刘卬和胶东王刘雄渠发动叛乱，打出的旗号是"诛晁错，清君侧"，这便是吴楚七国之乱。

汉景帝闻讯，与晁错商议对策。关键时刻，晁错犯了个大错——建议汉景帝御驾亲征，而他自己留守京城。这让汉景帝听了很不舒服，心想："我听你的馊主意，现在捅了篓子，你躲在后面，却要我去御驾亲征。"于是刘启召见曾在吴国做过国相的袁盎。袁盎素来与晁错不睦，直接建议道：诛杀晁错，满足叛军"清君侧"的诉求，他们自然就能退兵。汉景帝此时对仓促削藩也感到后悔了，对晁错的强硬态度和任性产生了反感，于是说："吾不爱一人以谢天下。"这句话的字面意思是，我不会因为喜爱一个人而拒绝天下的。说白了，就是汉景帝觉得削藩这件事做错了，这口黑锅得让晁错背。于是他命人将晁错骗至东市，当街处以腰斩。可怜的晁错稀里糊涂就被主子出卖了，到死还没明白自己是怎么死的。

袁盎作为使臣去叛军那边交涉。吴王此时已经自称为东帝，直接扣留了袁盎。幸亏袁盎机灵，趁乱逃走。晁错白死了，吴、楚等七国的叛逆野心暴露，汉景帝这才下定决心用武力平叛。三个月后，叛乱得以平定。朝廷免除了诸侯王的行政权和官吏任免权，削减了各诸侯国的官吏，规定诸侯王不再治民，只能享有衣食租税。诸侯王对朝廷的威胁大大削弱。

主父偃的"推恩令"

王国问题的解决，还差临门一脚。"起脚射门"的人叫主父偃。主父偃这个人有才干，没人缘，在老家临淄处处受排挤，干脆去长安谋差事，仍旧落得身无分文。无奈之下，主父偃豁出性命直接给汉武帝上了一道奏疏。洋洋洒洒近千言说了八件律法条令的事和一件征伐匈奴的事。该着他时来运转，早上递上去奏折，傍晚时分就被皇帝召见——他靠文字打动了皇帝，被封为郎中。此后，主父偃屡次觐见皇帝，上疏陈说政事，一年之内四次升官，坐火箭一样升至中大夫。

对于王国问题，主父偃格外重视。他劝谏说："现在有的诸侯王连城数十，土地千里，天下太平时他们骄奢淫逸，情势危急时就会联合反叛。"在吸取晁错《削藩策》经验教训的基础上，主父偃给出了推恩令。具体做法是，规定诸侯王除了让嫡长子继承王位，还要体现仁爱孝亲之道，推"私恩"把王国土地的一部分分给庶子，让他们成为侯爵。

主父偃的这一招儿极为高明：打着广施恩德的旗号，让诸侯王的孩子们乐得享受利益的雨露均沾，实则悄无声息地分割了诸侯国的领土和诸侯王的权力。要知道，新封的侯国不再受王国管辖，而是直接由各郡来管理，地位仅相当于县。这些越分越小的诸侯国，"大国不过十余城，小国不过数十里"，再也无力与朝廷抗衡。这不正是贾谊当年提出的"众建诸侯而少其力"的思路吗？

此后，王国辖地不超过数县，其地位相当于郡。再也没有诸侯王可以拥兵自重了，即便有叛乱，朝廷也完全可以轻松平定。

酎金夺爵

王国的领土被瓜分了,诸侯王的权力被削弱了。如果诸侯王们还是不听从朝廷的号令,那么皇帝只好将他们扫地出门了。

公元前112年,南越国发生叛乱。齐国的国相卜式上书,主动请战。汉武帝很高兴,不仅赐卜式为关内侯,赏给他金银、田地,还下诏将卜式的模范行动布告天下,希望诸侯王们都能争相效法,整军征伐南越,不料无人理睬。汉武帝盛怒之下,决定在祭祀宗庙时,针对列侯献酎(zhòu)金助祭一事动刀子。

酎,指的是祭祀用的好酒。酎金制度是汉朝的一项制度,规定每年八月皇帝在高祖庙献酎饮酎时,诸侯王和列侯要按封国人口数量献上黄金助祭。诸侯王及列侯献酎金时,皇帝亲临受金。如果所献酎金份量、成色不足,则会被处以"王削县,侯免国"。

众所周知,不借助专业仪器,单凭肉眼和手感很难准确界定黄金的份量够与不够,以及成色的足与不足。显然,这就是皇帝趁机夺爵的借口罢了。结果,这次被夺爵的有一百零六人,占了列侯的半数。

汉武帝后期以及后来的汉宣帝时还曾发生过小规模的酎金夺爵事件。几番下来,列侯所剩无几。

脑洞大开

只要是大一统王朝，朝廷与地方的矛盾就会存在。这种矛盾不仅西汉初年存在，后世的唐朝中后期、明朝初期和清朝初期，都曾发生过较为严重的外藩对抗朝廷的叛乱，有些还最终酿成大乱，颠覆朝廷。相比之下，西汉的削藩举措较为成功，维护了朝廷权威，巩固了皇帝的统治。除几代帝王的审时度势、韬光养晦和当机立断外，贾谊、晁错、主父偃等人功不可没。

但是这几位大臣的结局都不太好。晁错直接做了削藩的牺牲品；贾谊被贬长沙，郁郁而终，这其实跟他上疏《治安策》有关联；主父偃为人决绝，不留退路，最终成了全民公敌，被满门抄斩。对于他们的才干，我们表示钦佩；对于他们的遭遇，我们感到惋惜；对于他们的错误，我们更应当警惕。

当然，究其根源，王国问题是君主专制主义中央集权制度与生俱来的顽疾，无法彻底根除。作为旁观者，今天的我们回头看历史上的王国之争问题，很难简单地说诸侯国叛乱是出于自身发展或是图谋不轨、朝廷削藩是为了维护统一或是居心叵测。通过林林总总的事件，我们看到各路"神仙"使出浑身解数，给出一些昏着儿，让这些政治博弈变得愈发扑朔迷离，动人心魄。

主要历史人物档案

周幽王（？—前771），姬宫湦（shēng），周宣王之子，西周第十二任君主，公元前781年至公元前771年在位。他是一个亡国之君，也是一个"狼来了"的真实案例。关于他，其实还有不少疑点我们没有弄明白。

周平王（？—前720），姬宜臼，周幽王之子，东周第一任君主，公元前770年至公元前720年在位。他有一个既糊涂又不喜欢他的父王（周幽王），他还有一个既没原则又很冲动的姥爷（申侯）。犬戎来了后，父王死了，他被推上了王位。镐京被打烂了，于是周平王迁都至洛邑。历史上就将他之前的周朝称为西周，从他开始的周朝称为东周。

齐僖公（？—前698），姜姓，吕氏，名禄甫。春秋时齐国国君，公元前731年至公元前698年在位。他喜欢低调地拉着诸侯一起会盟，他所有努力都像是为儿子齐桓公未来称霸在做准备。

楚武王（？—前690），芈姓，熊氏，名通，春秋时楚国国君，公元前740年至公元前690年在位。奉行铁腕政策，敢作敢为，不稀罕周天子给的子爵封号，直接称王了。

晋文公（前697或前671—前628），姬姓，名重耳，春秋时期晋国第二十二任君主，公元前636年至公元前628年在位。一位大器晚成的诸侯，历经一段刻骨铭心的流亡，接手一个厚积薄发的强国，开创一份长达百年的霸业。

秦穆公（？—前621），嬴姓，赵氏，名任好，春秋时期秦国国君，公元前659年至公元前621年在位。他坚信"地盘是打出来的"，向西拓土千里，可是向东的大道却被亲上加亲的晋国死死封住。活着的时候，他很英明；死了以后，却让一百多个活人给自己殉葬，太过残忍。

伍子胥（？—前484），名员（yún），字子胥，楚国人，春秋末期吴国大夫。他为了报仇，四处流亡；为了报仇，兵发故国；为了报仇，鞭尸三百；为了报仇，走火入魔。他的故事从国恨家仇开始，他的悲剧以新的国恨家仇结束，他的一生太过晦暗。

吴王夫差（？—前473），姬姓，吴氏，春秋时期吴国末代国君，吴王阖闾之子，公元前495年至公元前473年在位。吴国并没有称霸的实力，可是他的父亲吴王阖闾不相信，结果丢了性命。夫差继承父亲的遗志，为了称霸而称霸，结果身死国灭，成全了越国的逆袭。

越王勾践(？—前465)，姒姓，本名鸠浅。古时越国与中原各国语言不同，音译为勾践，夏禹后裔，春秋末期越国国君。他是一个能屈能伸的强者、一个意志超强的斗士、一个刻薄寡恩的君主，他的经历很传奇，他的故事很励志，他的手段很阴险。

赵武灵王(？—前295)，嬴姓，赵氏，名雍。战国时期赵国第六位君主，政治家、军事家、改革家，公元前325年至公元前299年在位。他很英明，推行"胡服骑射"政策，吞并中山国，大败林胡、楼烦二族，开辟云中郡、雁门郡、代郡；他很糊涂，主动禅位幼子，又挑起长子与幼子的矛盾。沙丘之乱时，他竟然活活饿死了。

张仪(？—前309)，姬姓，张氏，名仪，魏国人。战国时期著名的纵横家、外交家和谋略家。鬼谷子的明星学生，首创"连横"的外交策略，以"横"破"纵"，将关东六国玩弄于股掌之中。他的口才超极好，而他的人品远不及口才。

秦宣太后(？—前265)，芈姓，名不详，楚国人，曾为秦惠文王姬妾八子，故称芈八子。她是秦昭襄王之母，也是历史上最早临朝主政的太后，把持朝政长达三十六年。

苏秦(？—前284)，己姓，苏氏，名秦，字季子，东周洛阳(今河南洛阳东)乘轩里人。战国时期著名纵横家、外交家和谋略家。鬼谷子的明星学生，但是他跟张仪并非同学(这一点是司马迁弄错了)。他提出"合纵"六国以抗秦的战略思想，并最终组建合纵联盟，任纵约长，兼佩六国相印，使秦国十五年不敢出兵函谷关。

荆轲(？—前227)，亦称"荆卿""庆卿"，卫国人，战国末期刺客。他不是最优秀的刺客，执行的也不是最完美的行刺任务，可是失败的他却留下了最著名的刺客传奇。

范增(前277—前204)，秦末居鄛(今安徽桐城城南)人，秦末农民战争中项羽的主要谋士，被项羽尊为"亚父"。他以年届七十的高龄加入反秦队伍，偏偏摊上一个言不听计不从的主子，所以他的计谋总是大打折扣。眼睁睁看着对手越来越强，有心无力的他只能指桑骂槐地吐槽一句："竖子不足与谋！"

刘邦(前256或前247—前195)，字季，汉朝开国皇帝，谥号高帝，庙号太祖，中国历史上杰出的政治家、战略家。公元前202年至公元前195年在位。他是典型的"英雄莫问出处"，开创了草根做皇帝的先例。自芒砀山起义，他屡败屡战，愈挫愈坚，经过八年不懈奋斗，终于成功地将自己由"无赖"变成"真龙

天子"。他的故事就是"胜者王侯败者寇"的真实写照。

樊哙（？—前189）西汉开国元勋，吕后妹夫，深得汉高祖和吕后信任。他向来不是主角，每每以不速之客的角色闯入，使得剧情发生反转，最典型的一幕就是鸿门宴。

晁错（前200—前154），西汉政治家、文学家。作为法家信徒，他是力主皇帝强力削藩的大忠臣，可他最终成了替皇帝背黑锅的可怜虫，更可悲的是，糊里糊涂被当街腰斩时，他还不知道自己的死因。

汉景帝（前188—前141），名刘启，西汉第六位皇帝，谥号孝景。公元前157年至公元前141年在位。虽然与父亲汉文帝一起开创了"文景之治"，但是夹在父亲汉文帝和儿子汉武帝这两个文治武功成就卓著的皇帝之间，他总是被人们忽略。

后 记

明末文人张岱曾说过一个著名的段子:长夜漫漫,南方的一艘航船上,一个书生正天上一头、地上一脚地神吹海侃。周遭的旅客横七竖八,有的在打瞌睡,有的在发呆,还有的貌似在倾听。书生很陶醉,一旁缩手缩脚躺着的僧人忍不住了:"请问相公,您刚才提到的澹台灭明是一个人,还是两个人?"

书生眨了眨眼睛,又瞅了瞅衣着朴素的僧人,故作镇定:"是两个人。"

"哦——"僧人若有所思,"那再请问,您说的这尧舜是一个人还是两个人?"

书生咽了口唾沫,翻了一个白眼:"自然是一个人。"

僧人恹恹欲睡的眼睛闪过一丝亮光,他翻身坐起,张臂蹬腿伸了个大大的懒腰:"这样说来,小僧可要伸伸脚,与你说道说道了。"

如果认真读过《史记》,也许这个书生就不会如此尴尬了。《史记·仲尼弟子列传》中明确记载,澹台灭明复姓澹台,是孔门七十二贤之一。因为长相丑陋,一开始并不被孔子看好。后来,他行事正派,收徒三百,在南方各国影响深远。孔子听说后,还为自己当初的以貌取人而感到后悔。

至于尧舜,自不必说,当然是上古的贤君唐尧、虞舜。

因为读书不求甚解,自以为是的书生竟然在区区一艘夜

航船上"翻船"了。

看来,读书不难,可是读懂、读透不易。

当初出版社的编辑跟我约稿,聊起要做《史记》导读系列的创意时,我们便总结出了几条读史心得。

读史要细心。《项羽本纪》脍炙人口,太史公司马迁是如何让西楚霸王的形象深入人心的?在跌宕起伏的故事里,我们看到项羽很容易被激怒。司马迁先后七次写项羽怒或大怒。聪明的你注意到了吗?

读史要多思。对比阅读《赵世家》《晋世家》,我们发现"赵氏孤儿"的事件和人物前后矛盾,语焉不详,真的就是一个故事。那么太史公缘何要将这个虚构的故事放进严谨的《史记》呢?也许我们应该从道德层面来寻找答案。

读史要有侦探的缜密思维。赵国长平惨败的"黑锅"确定就要由赵括背吗?如果赵国不换将,还是由廉颇坐镇,战局能扭转吗?综合研读《秦本纪》《赵世家》《白起王翦列传》和《廉颇蔺相如列传》,你会有新的收获。

读史还要有探险家的好奇。倡导胡服骑射的赵武灵王和千古一帝秦始皇嬴政都死于沙丘。这只是巧合吗?对照阅读《赵世家》和《秦本纪》,我们发现继承人选择难题才是终结二人的致命一刀。可他们缘何躲不过这道死结?

通俗点说,读史是要开动脑筋的。面对史书,检索你的个人知识资料库,激活你的想象力,然后尽你所能进行联想,补充更多有创意、有个性、有见地的新鲜内容,于是穿越三千年时空隧道的你看到了旁人未见的吉光片羽。

感谢安徽少年儿童出版社的各位编辑老师,感谢你们慧眼识珠,让我的文字有了如此精彩的呈现。

感谢我的家人,你们是我日常创作的加油站。

更要感谢曾经与我交流、给我指导的老师、朋友和广大读者,是你们让我的知识盲区越来越少。

毛泽东在《贺新郎·读史》里感慨:"一篇读罢头飞雪,但记得斑斑点点,几行陈迹。"与大家一同读罢《史记》,我倒想起他的另一首词作《清平乐·会昌》:"踏遍青山人未老,风景这边独好。"

是以为后记。

朱首彦
2021 年 6 月 23 日

微信扫码关注领取
【随身文史博物馆】